道徳実行の指針

モラロジー生涯学習講座テキスト

モラロジー道徳教育財団

CONTENTS

CONTENTS

参考資料『ニューモラル　心を育てる一日一話』
（モラロジー研究所）

装幀・デザイン／SHIN事務所
本文レイアウト／株式会社ピニオン
イラスト／星　たかし

5

まえがき

　現代の私たちは、物質的にはたいへん豊かで恵まれた社会に生活しています。しかし、「衣食足りて礼節を知る」というように、豊かさを享受するにふさわしい、高い人間性、道徳性を備えているでしょうか。

　人々は、人間として大切な感謝や思いやりの心を忘れ、企業は利益至上主義から不祥事を引き起こし、地域社会でも人のつながりが薄れてきてはいないでしょうか。家族の間にさえ目を覆いたくなるような事件が数多く起きています。

　今日、他者に配慮し子どもや老人を大切にする、人間として当たり前のことが行われなくなり、家族や国民のきずなも弱くなってしまいました。おたがいに助け合い、信頼する心がなければ、社会の秩序は保たれず、結局は個人の幸福な人生を築くことはできません。

　モラロジー道徳教育財団は、高い道徳性、品性をはぐくむ「心の生涯学習」、さらに世代を重ねて品性を高める「累代教育」によって、心あたたかい家庭、安心して暮らせる社会、そして真に平和で豊かな世界の建設に貢献したいと願っています。

　本書は、生涯学習センター講座用テキストとして、モラロジーをはじめて系統的に学習される方に、なぜ道徳性、品性を高めることが大切かを正しく理解していただくとともに、道徳実行の手がかりがつかめるように編集したものです。

　皆さまには、講師や受講者とのふれあいからも多くのことを学ばれて、家庭や職場、地域社会で率先して道徳を実行する人になり、真に生きがいのある人生を築かれますとともに、心と心でつながる社会づくりに貢献されますよう念願してやみません。

公益財団法人モラロジー道徳教育財団

理事長　　廣 池 幹 堂

第1章　人生を豊かにする道徳

本章のねらい

　だれもが願う喜びの多い人生を築くにはどうすればよいか。日々の考え方や行動の積み重ねが人生を方向づけていくとの視点に立って考えます。

　価値判断の基準となる良質の道徳を実行することが、各自の人生を豊かにするとともに、社会全体の平和と幸福に不可欠であることを学びます。

1. 人生を方向づける心づかいと行い

　私たちはだれしも、安心と喜びに満ちた価値ある人生を求め、生きがいや幸福を実現しようと努力しています。ところが現実には、さまざまな人間関係のトラブルや仕事上の課題に直面して困惑したり悩んだりします。自分が出会う問題や課題にどのように対処していけば、安心と喜びのある日々、そして生きがいのある幸福な人生を築いていくことができるのでしょうか。

　毎日の生活の中で、きょうはどの服を着るか、どの仕事を優先するか、だれと会うかなどをはじめとして、私たちは人生上の課題、たとえば進学や就職、結婚や出産、疾病や退職、老親の介護など、意識すると否とにかかわらず大小諸々の選択を迫られます。そしてその都度、他に相談することがあるにせよ、最終的には自分で決断しています。この意味から、人生はまさに選択と決断の連続であるといえるでしょう。

　その選択や決断に際して、どういう心を使うか、その心づかいが私たちの幸、不幸をつくっている主な原因であることを理解することが必要です。なぜなら、日々の心づかいの積み重ねが、各自の人生を方向づける重要な決め手になるからです。

　そこで次に、自分の境遇や素質、能力やものの考え方がどのように形成されてきたかについて考えてみましょう。

Column

人生の主人公は自分
── 『ニューモラル　心を育てる一日一話』

　私たちは、生きていくうえでの条件を良い方向に変えようと努力することが大切ですし、相手に自分の考えを理解してもらえるよう努力することも大切です。しかし、いちばん大切なことは、自分の考え、発想、心のはたらきをよく見つめ、より良い方向に自分の考え方を変えることではないでしょうか。

　私たちは、心を自由にはたらかせることができます。自由にはたらかせることができる分、しっかりとした指針が必要となってきます。

　自分の人生の主人公は自分です。私たちは、自由自在に考えることのできる心をより良く生かすことによって、かけがえのない自分の人生を大切にし、喜びと感謝をもって、自分の心の主人公となる道を歩んでいきたいものです。

2. 自己を形づくっている要因

　人はみな、異なった環境に生まれ、容貌や性格、能力、社会的な立場や経済状態など、それぞれに違いがあります。私たちの身体的・精神的特性は、遺伝と環境によって形成されます。すなわち、次の四つの要因が総合的に影響し合って、各自の人生が形成されていると考えることができます。

① 親、祖先から受け継いだ遺伝

② 生まれ育った地域の自然環境

③ 社会的・文化的環境、家庭環境

④ 今日までの各自の心づかいと行い

　すなわち、人間は生物的存在として、内側からは遺伝子の規定を受け、外側からは自然の環境の影響を受けて育ちます。また、社会的存在として、社会的・文化的環境および家庭環境の影響を受けて成長していきます。

9

これらの三つは、他から与えられた制約的な要因です。したがって、そこに望ましくないものがあったとしても、後戻りすることも、簡単に取り替えることもできません。

　幼少期には親や周囲の教育や環境によって成長しますが、青年期以降においては自分の考え方や行動、つまり生き方によってそれぞれの健康状態や知識、価値観、財力や地位などに大きな違いを生じ、それは20年あるいは30年と歳月を経るにつれて、いっそう顕著（けんちょ）になってきます。このことはだれもが認めるところでしょう。

　一方、人間は自由意志をもった精神的な存在ですから、心づかいによって自己の人生を開拓（かいたく）していくことができます。人生を形成するうえで、決定的に重要な要因である心づかいと行いは、自分で努力すれば変えることができ、それによって人生も変えていくことができるのです。たとえ、どのような不運な境遇や困難な状況にあっても、自分自身の心づかいと行いを前向きに変えることによって、苦難を受け容れ、心に喜びをもって意義ある人生を送っている人は決して少なくありません。

ことば 言葉	ヘレン・ケラー (1880〜1968)	「障害は不便であるが、不幸ではない」
	E・H・エリクソン (1902〜1994)	「鳥は飛び方を変えられないが、 　　　　人間は生き方を変えられる」

3. 人間生活の標準

(1) 価値判断の基準としての道徳

　現在の境遇や運命を少しでも改善し、充実した人生を築いていくためには、まずこれまでの自分を形づくってきた要因を理解し、自分の性格や考え方の傾向について知ることです。そして、自分自身の考え方や生き方を振り返って反省し、心づかいをより良いものに改めていく積極的な意志をもつことが大切です。

　ここにいう心づかいとは、理性や知性、感覚や感性、感情や意志のはたらきのすべてを意味します。心づかいを改めるということは、日常生活のあらゆる場面において、知性や感性を磨き、明確な意志をもって自分の人生を改善していくことです。このときに求められるのが、正しい価値判断の基準としての道徳です。

　一般に道徳とは、私たち一人ひとりが、より良く生きるための標準であり、物事の善悪を判断する基準です。道徳は、それぞれの社会や国において、歴史的に形成され、受け継がれてきた知識や経験の集積であり、慣習や法律、宗教や思想などの文化に示されています。このような道徳は、社会生活を営むうえで守らなければならないルールであり、社会に秩序と安定をもたらす規範です（今日では道徳または道徳意識は「モラル」と呼ばれることが多く、企業や医療の分野では「倫理」という言葉も使われていますが、ほぼ同じ意味合いです）。

　ところが、今日の社会では、自己中心的なものの考え方や行動がはびこり、個人的にも集団的にもモラルの低下または道徳意識の欠如が叫ばれています。

(2) 自己利益の道徳

　道徳は人間生活に必要不可欠なものですが、これまで道徳といえば、社会から強制されて行うものとか、あるいは自分が損をして他を益するものと考えたり、たとえ実行してもあまり効果はないものと考えられてきたきらいがあります。また、道徳実行にあたっては、行為の外面を重視して形式に流れ、心づかいのありよう（良否や善悪）を問わない傾向があります。

　すなわち、従来の道徳では、自分では善いことをしているつもりでも、その心づかいには自己中心的な考えや思い込みに陥っている場合が多いのです。そのため、道徳を実行しても、予期したような良い結果が得られないことがあります。

　たとえば、親切でしたつもりが、相手にとっては迷惑であり、おせっかいと受け取られることがあります。相手の立場や気持ちを考えない一方的な好意は、相手に届かず、不快感を与えてしまうことになるのです。

　我慢や自己抑制も大切な道徳ですが、このような行為は、見かけは従順であっても、心の中では不平や不満を抱いていますから、いったん事情が変われば、すぐに他人を非難攻撃したり、わがままを押し通そうとします。

　また、正義を実現することは重要な道徳です。ところが、自分だけの正義感をふりかざして、人の不正や欠点を責めることになれば、かえって問題をこじらせたり、新たな対立を生み出すなど、自分も相手もともに良い結果が得られません。

　このように従来のいわゆる道徳は、社会生活を営むうえで大切なものですが、その心づかいには考え違いや勘違いなどの不十分なところが多くあります。

(3) 三方善の道徳

　本来、道徳は人間としてのより良い生き方をめざす指針ですから、その実行にあたっては、自分と相手はもちろんのこと、さらに第三者や社会全体のためになることを考える心づかいが大切です。

　従来の道徳の欠点を補い、正しい心づかいの基準を示して、より効果のある道徳実行のあり方を示す質の高い道徳が「三方善の道徳」です。

　三方善の道徳は、その実行に際して、心づかいを重視することに特徴
があり、道徳の実行を続けていけば、まず実行する人自身の心の中に喜
びや安心の世界が開けてきます。それとともに、家庭や職場、地域社会
の人間関係をおのずから円滑にし、しだいに周囲の信頼と尊敬を得られ
るようになります。すなわち、三方善の道徳は、実行する人自身の人生
や運命を改善すると同時に、社会全体の秩序と
調和を促進するものです。

心づかいを重視する道徳

1 従来の道徳の形式を尊重しながら、動機、目的、方法などを十分に考
慮し、自分と相手と第三者の三方の幸福を生み出すことをめざします。

2 自己の利害や感情にもとづいて実行するのではなく、つねに相手に好
感と満足を与える、思いやりの心をもって実行します。

3 人から強制されて行うのではなく、自発的に喜んで実行します。

4 心づかいを本質とする道徳は、どのような状況にある人でも、いつで
も、どこでも実行することができます。

（注）心の特質

人間の心の力は強大であり、次のような特質があります。

① 心は、いつでも、どこでも自由に使える。

② 心の使い方に制約はなく、無限大に使える。

③ 心は、使う心が増大する。

④ 善悪相反する心を同時には使えない。

⑤ 善い心には善い心、悪い心には悪い心が引き出される。

13

4. 普遍的な道徳基準

モラロジー（Moralogy ／道徳科学）では、道徳を、人類の生存、発達、安心、平和、幸福を実現する心づかいと行いととらえ、この道徳を大きく二つに分けて考察しています。すなわち、従来の自己利益の道徳を「普通道徳」と呼び、今後求められる質の高い三方善の道徳を「最高道徳」と呼んでいます。

普通道徳は、歴史的に発達してきた風俗、慣習、礼儀作法、公衆道徳をはじめ、同情、親切、正義、忍耐、克己、勤勉などを指します。その本質は、自己保存や自己利益にあるため、実行の形式にとらわれて、実行しても不安と対立をもたらしがちです。

他方、最高道徳は、人類の教師と呼ばれるソクラテス、イエス、釈迦、孔子などが教示した質の高い正義と慈悲の心を本質とする道徳です。これには、日本の皇室に一貫して流れている道徳的精神も含まれます。この最高道徳は心づかいを重視するもので、その実行は安心と喜びをもたらします。また、民族や歴史を超えて、人類に確固とした心づかいと行いの基準を与えてきた普遍的な道徳です。

モラロジーは、普通道徳と最高道徳の内容と、その実行の効果について比較研究し、人類の生存、発達、安心、平和、幸福を実現するためには、これまでの普通道徳では不十分であり、最高道徳の実行が不可欠であることを明らかにしました。

文明の進歩にともなって、人類の道徳水準は確実に向上しています。さらに現代では、言語の違いや思想、宗教の対立を超えて、人類全体の平和と幸福を実現することが求められています。最高道徳は、人類全体の共存共生をめざし、世界の精神文化を尊重する「普遍的な道徳基準」として、もっともふさわしい道徳といえましょう。

普通道徳と最高道徳の特徴

	普通道徳	最高道徳
発源	風俗や習慣、規則・法律、文化	人類の教師・世界諸聖人の教説と事跡
本質	自己保存の基本的欲求	万物を生成化育する慈悲の心
範囲	自己または相手(仲間)の利益	自己と相手と第三者(社会)の三方善
重点	主として形式を重視	形式に加えて心づかいを重視
	▼	▼
結果	必ずしも良い結果が得られない	必ず安心と喜びが得られる

最高道徳の格言

「持久微善を積んで撓まず」

道徳の実行には、小さな善行を積み重ねていくことが大切です。日々の小さな心づかいや行いに注意を払い、その善行を持続して行えば、やがて大きな成果がもたらされます。道徳実行の生命は、このような善行を不断に続けるところにあり、その積み重ねが習慣となり、好運命を開くことができます。

(注) モラロジー

　モラロジーとは、法学博士廣池千九郎(1866〜1938)が創立した、道徳を科学的に研究する新しい学問です。モラロジーは、道徳の視点から、自然と社会と人間のすべての領域を考察し、個人の幸福と社会の平和の実現に有効な指針を提示しようとする総合人間学です。

　廣池千九郎は、モラロジーの主著である『道徳科学の論文』(1928年刊)の原稿が完成した1926年(大正15年)をモラロジー道徳教育財団の創立年と定め、1935年(昭和10年)には、千葉県柏市に道徳科学専攻塾を開設して、学校教育および社会教育の両面から道徳教育を根幹とする生涯教育の活動を開始しました。

　現在、モラロジー道徳教育財団では、創立者の遺志を継承し、新しい研究成果を採り入れながら、今後の人類文明の礎となる倫理道徳の研究と、「心の生涯学習」を推進する教育活動、および出版活動を展開しています。

MEMO

第2章　幸福を実現する品性

本章のねらい

　幸福とは何か、その実現には何が
必要か。幸福とその要件について考
え、永続する幸福の実現には、道徳
性＝品性を高めていく必要があるこ
とを学びます。また、品性を備えた人
の生き方をふまえて、生涯にわたる
品性向上の課題について学びます。

1. 幸福とその要件

　私たちは、生きがいと喜びに満ちた幸福な人生を求めて、日々努力しています。幸福について、どのような考え方があるでしょうか。

　たとえば、事業に成功して財産を築き、高い社会的地位を獲得することが幸福であると考える人がいます。確かに、事業の成功や社会的な地位の向上などは、幸福にとって大切な要件です。しかし、苦労して財産や地位を得たとしても、家族や周囲の人間関係にゆがみを生じて苦悩したり、無理をして自分自身の健康を害するようでは、幸福とはいえないでしょう。

　あるいは一時的な満足感や安らぎなど、精神的な幸福感を重視する考え方もありますが、私たちが本当に望んでいる幸福は、一時的、短期的な幸福感にとどまらず、より永く続いて自分の人生だけでなく、子や孫の代にも希望を見いだせる幸福ではないでしょうか。

　さらに、自分や家族さえ幸せであればよいという考え方も多く見られます。私たち人間は、社会的な存在として、他の人々に支えられ、多くの人々とともに生きています。本当の喜びは、自分が何らかの意味で他の人の役に立っている、と実感するときに味わうことができるものでしょう。幸福は自分と家族ばかりでなく、他の人々とも分かち合えば、さらに大きくなります。

　幸福についての考え方は人によってさまざまです。しかし、幸福の基本的要件は、何よりもまず健康で、生きがいや安心、喜びに満ちていることではないでしょうか。そして、その精神的な幸福感を支える具体的な要件が重要です。たとえば、次のようなことが挙げられます。

① 心身ともに健康で、長生きできること。

② なごやかな家庭生活を送り、子孫に恵まれること。

③ あたたかい人間関係に包まれ、趣味や生きがいがあること。

④ 収入があり、経済生活が安定していること。

⑤ 地域社会と国家の平和と秩序が保たれ、持続的に発展していること。

　これらの要件が調和的にそろう程度に応じて、精神的な幸福感も現実のものとなり、永続きする幸福が実現するといえましょう。実際にはもちろん、これらの要件をすべて満たすことは容易なことではなく、多少欠けるところがあっても応分の安心や喜びを得ることはできます。

　むしろ、人生には予期しない困難や苦難、あるいは厳しい制約に直面することが多くあります。そのようなときには、自分の人生をかけがえのないものとして受けとめ、困苦や制約を幸福実現への跳躍台として力強く生き抜いていくことが大切ではないでしょうか。逆境の中にも生きる意味を見いだし、精神的な安心や喜び、そして希望をもって生きようとするところにこそ、人としての尊さがあり、自分自身の人生に大きな意味を与えるものとなります。

困難

5

10

Column 幸せを感じる能力 —— 『ニューモラル　心を育てる一日一話』

　私たちは、だれでも幸せを感じる能力をもっています。同時に、不幸や不足を感じる心ももっています。幸せを感じる能力を上手に使う努力や、それを伸ばす努力をしなければ、知らず知らずの間に、不幸や不足を感じる心がだんだんと心全体を支配してしまうことになりかねません。

　能力というのは、物事をなし得る力のことです。ですから、幸せを感じる能力も人それぞれに違いがあり、差もあります。また能力は、使えば使うほど伸びるものですから、だれもが伸ばせるものです。

　自分の中にある幸せを感じる能力を、いかにして伸ばしていくかが、これからの人生を切りひらき、より良く生きていくための大切な鍵になるはずです。

2. 品性の向上と幸福の実現

(1) 自己中心的な生き方

　幸福を望んでいるのに、現実には、なかなかそうならない場合が多いのは、どうしてでしょうか。その原因を自己中心的な心づかいと行いに求めることができます。

　私たちの生活は、格段に便利で快適になっています。しかし、繁栄の中で金銭や物質を偏重し、自分や所属集団の利益だけを優先したり、人や社会の迷惑を考えなかったり、あるいは他人に無関心で、自分だけの孤立した生活に引きこもる、といった傾向が強くなってきています。これらはみな、自己中心的な心づかいにもとづくものといえるでしょう。

　たとえば、規則やマナーを守らず、他人や社会の迷惑を顧みない行為が目立ってきています。また、傷害や殺人、窃盗や強盗をはじめ、セクシュアル・ハラスメントやストーカー、家庭内暴力、児童や老人虐待など、さまざまな自己中心的な行為が顕著になってきています。あるいは社会の迷惑や不正を見て見ぬふりをしたり、無関心を装うことも、また自己中心的な態度の一つといえます。

　さらに、頻発している一部の公務員や政界財界の不祥事、企業による重大な過失や隠蔽工作などの犯罪は、社会的責任の基本を忘れ、眼前の利益を優先する自己中心的な生き方や考え方の表れといえるでしょう。

　これほどまでに極端ではないにしても、私たちは、知らず知らずのうちに自己中心的な行動をとり、他人および社会に不快感を与えたり、迷惑をかけていることが多いのです。

　このような自己中心的な生き方では、たとえ人並み以上の苦労をして、社会的地位や財産を築くことができたとしても、人々から疎んじられたり、ねたまれたりして、自分自身が苦しむことになります。つまり自分自身に安心が得られないばかりか、幸福の実現も、社会の健全な維持発展も望めません。自己の利益や幸福だけを追求する生き方は、実に危ういといわなければなりません。

　もちろん、私たちは、より良い正しい生き方をしようとしながらも、必ずしも理想どおりにはいかない人間としての弱い面をもっています。また、幸福な人生を望みながら、ときとして不幸や不運に見舞われて、挫折を経験することがあります。しかし、弱い面や不完全さをもった人間だからこそ、私たちは、ことあるごとに自己の心づかいを深く反省し、自分自身および他者や社会に対して誠実な生き方をすることによって、必ず活路を見いだし、立ち直ることができるのです。

(2) 品性を高める

　モラロジーでは、より確かな幸福を実現するためには、知力や財力、職位や社会的地位を高めるとともに、道徳性をつちかうことがもっとも堅実な方法であることを提唱しています。この道徳性は、正しい善悪の判断基準にもとづいて、人間の知・情・意を統合する叡智であり、「品性」とも呼ばれます。

　すなわち品性とは、私たちの人格の中心にあって、それぞれの体力や知力、財力あるいは権力などの諸能力を、より良い方向（三方善）に発揮し活用する力です。この人格の中心的な原動力である品性を高めることが、幸福を実現するうえで、もっとも基本的な要件となるのです。品性の重要性については、国内外の多くの識者が指摘しています。

　品性をつちかうためには、まず、礼儀や規律などの普通道徳を実行することです。たとえば、次のようなことに留意して行動することが大切です。

① つねに他人に不快感や迷惑を与えないように、あいさつや表情、身だしなみや態度などのマナーやエチケットに気を配りましょう。

② 交通ルールなどの規則や自治体の条例、国の法律などは、その趣旨をよく理解して順守しましょう。

③ 公共の乗り物や駅、公衆トイレや浴場などの施設を利用する場合には、周囲の人や、後から利用する人のことを考えて、きれいに使用し、汚さないようにしましょう。

④ 他人の家や職場などを訪問するときや、飲食や喫煙、会話などにおいては、相手や周囲の人々の迷惑にならないように気をつけましょう。

⑤ 仕事を行うときには、正確と迅速を心がけるとともに、約束を守り、必要な連絡、報告、相談を適切に誠実に行いましょう。

　人に不快や不安を与える無遠慮な行為や、社会の迷惑を顧みない行動をとる人は、良識のない人物とみなされ、品性を疑われることになります。道徳をないがしろにしては、社会の人々から信頼や人望を得ることはできません。さらに、社会的地位や責任が増すほど、よりいっそう品性を高めていく努力が必要とされます。品性を高めるには、まず普通道徳を実行し、その心づかいを最高道徳的にしていくことです。最高道徳を実行するには、優れた品性を備えた人に接して、その感化を受ける

ことが有効です。その人格的感化を受けながら、日常生活の中で、品性
を高める最高道徳実行の方法を具体的に学んでいくことが大切です。

ことば	サミュエル・スマイルズ （1812〜1904）	「品性はこの世界における 　　もっとも偉大な原動力の一つである」
		「天才はつねに人の感心するものであるが、 　　もっとも人の尊敬を得るものは品性である」
	廣池千九郎 （1866〜1938）	「品性は火にも焼けず、 　　水にも流されず、人にも盗まれない。 　　　品性を磨くことは大切なことである」

3. 高い品性を備えた人の生き方

　高い品性は、知徳一体、情理円満な人格、すなわち合理的で公平無私の精神をもった、謙虚で柔らかな広い心に示されます。高い品性を備えた人は、どのような生き方ができるでしょうか。

① 問題に適切な対処ができる

　公平で公正な判断ができ、創造力を発揮できるようになります。したがって、どのような問題に直面しても、すぐれた知恵や思慮がおのずと湧き出てきて、適切に対処することができます。

② 周囲に良い感化を与える

　何事に対してもつねに建設的に取り組み、周囲の人々や関係者の幸せのために、献身する態度が生まれてきます。したがって、品性が高まるにつれて、人間的な魅力が増し、周囲の人々に良い感化を与えます。

③ 自らの安心を得る

　すべてを受け容れる、おおらかで安らかな心を保つことができるようになります。自然とのつながりを楽しむ心のゆとりが生まれ、周囲の人々ともなごやかな交流を結び、
おのずと深い喜びや安心を
得ることができます。

　このように品性を備えた人は、礼儀を心得た優雅な姿勢と、優れた知性や教養と感性にもとづく思いやりの心をもって何事にも対処し、その誠実で毅然とした態度はおのずと周囲に感化を及ぼします。

　品性は、各自の幸福な人生を築くためにも、また秩序があり安定した社会をつくるうえでも、必要不可欠でもっとも信頼できる原動力となるものです。したがって、品性は、私たち一人ひとりが生涯をかけて高めるべき価値であり、品性を備えた人が多くなればなるほど、社会はいっそう平和で住みよいものになります。

　幸福というものは、直接に求めて得られるものではなく、まず道徳、とりわけ最高道徳を実行して品性を高めていくときに、その結果として、おのずから得られるものです。言いかえれば、品性という根本的な資質を向上させることに専心努力すれば、眼前の幸、不幸に一喜一憂（いっきいちゆう）することなく、また、さまざまな苦心や苦労も飛躍（ひやく）のバネにして、着実に幸福を実現することができるのです。

5

Column 人間の魅力の源泉 ── 『ニューモラル　心を育てる一日一話』

　品性の高い人とは、どのような人でしょう。人間を大切にし、尊重していく心をもつ人。学力や地位、財産や権力を、人の幸せや喜びのために建設的に活用する心をもつ人。そして自分は、決して完成した人間と思うのでなく、いつも多くの人によって支えられて生きていることを感謝し、自分の未熟さをつねに反省し、絶えず人間として向上すること、すなわち品性を一歩ずつでも向上させていこうと考えている人のことではないでしょうか。それが、人間としての魅力を生み出す源泉（げんせん）であるといえます。

　ふれ合う一人ひとりを大切にし、思いやりの心を育てていくという生き方の積み重ねが、私たちの品性を高め、いわゆる徳を身につけることになるのです。

4. 品性の向上と発達課題

品性（道徳性・道徳的能力）を高めていくには、人生のそれぞれの段階で達成すべき課題があります。

① 胎児期、乳児期

妊娠中の母親の心づかいが、胎児や出生後の心身の発達に大きな影響を与えることが確認されています。また、昔から「三つ子の魂百まで」といわれてきたように、幼いころにはぐくまれた性格が、後年の人格形成や品性をつくる基礎になります。私たちの健全な心身の発達は、乳幼児期における家庭での親子関係のあり方に大きく依存しています。

乳児期には、母親、あるいは母親に代わる人の思慮深い愛情にはぐくまれて、愛と安らぎを求める欲求が満たされるとき、子どもは自分をとりまく世界に対して、自然に信頼感を身につけるようになります。この信頼感が将来の道徳性の基礎になるのです。また幼児期になって、運動能力が高まってくると、子どもは何でも自分でやってみて全身で確かめようとする自律感が芽生えてきます。この自律感を伸ばすことも、道徳性の発達にとって重要な課題です。

したがって、乳幼児期には、母親の精神的な安定と、それを支える夫婦や親子のあたたかい家族関係が大切です。この時期の子どもは、心も体もともに未発達な段階ですから、家族の愛情と規律にもとづく、行き届いた世話や正しいしつけが必要です。子どもの成長とともに、母性のあたたかさに加えて、父性の厳しさが必要になってきます。

② 児童期

児童期においては、活動性や自発性をはぐくむことが、道徳性を養う基礎になります。したがって、両親や周囲の人々が、過保護や過干渉、あるいは放任に陥ることなく、子どもの意志をできるだけ尊重し、節度をもって見守りながら、子どもが自分で決めたことは、責任をもって最後までやり遂げる忍耐力や習慣を育てることです。

そのためには、読み書き、計算など、基礎的な学習能力をつちかうことが大切です。また、家事の手伝いや学校内外での集団活動を通じて、役割や責任を分担させ、たがいに協力する経験を数多く積ませるようにします。さらに、仲間や大人、とくに高齢者との交わりの中で、他者に

対する配慮や思いやりの心を育てます。自然に親しんだり、動植物の観察や飼育などを通して、いのちの大切さに気づかせることも大切なことです。

③ 青年期

　青年期の課題は、他者との協調を図りながら自己を確立していくことです。青年期は、自分の進路を選択したり、社会的な役割を模索する時期であり、親からしだいに心理的な距離をおくようになり、自立したいという意識をもつようになります。そして、自分が人や社会とのかかわりの中で存在していることを自覚し、友人との交流やボランティア活動、各種のサークル活動を通して他人への共感や連帯意識を深め、自分らしさを見いだし、個性を確立していきます。しかし、その一方では、さまざまな劣等感や挫折に悩むことが多くなります。「若いときの苦労は買うてもせよ」と、よくいわれるように、青年期は、悩みや苦しみを通して、人間としての基本的な資質や実力を蓄える時期でもあります。

　この時期に、親や周囲の大人は、青年に干渉しすぎたり、放任しすぎることなく、その言動を見守りながら、問題行動には毅然とした態度で臨むことです。青年が抱えている悩みや問題については、よく話を聴き、共感をもって受けとめ、いつでも親身になって相談に乗れるようにしたいものです。友人や仲間、とりわけ異性との交際や、進学や進路の選択、就職や結婚に際しては、時機をみて、適切な助言を与えます。それは、青年にとって大きな支えとなり、自分の課題を克服していく自信と勇気を与えることでしょう。

④ 壮年期

　この時期は、職業に従事し社会的な役割を担いながら自分の生活を築き、社会の一員としての責任を果たすことが重要な課題です。この時期は、家庭において親として子どもを養育し、職場においても次の世代の育成にたずさわるなど、社会的、経済的、文化的な活動の主力となる時期です。職務に励み、創意工夫を加え、積極的に余暇を活用して趣味のサークルやボランティア活動に参加するなど、自分自身を伸ばし、人々と交流することが大切です。とくにこの時期は、家庭人あるいは職業人として自己の責務を果たすとともに、社会が直面する諸問題の解決に関心をもって参画することによって、自分の人生をよりいっそう充実させ

ることができます。

⑤ 高齢期

　高齢期は、精神的に成熟を遂げていく時期です。自分の存在や使命に対する自覚をもって、何事も謙虚に受け容れる心を養い、周囲の人々の支えや神仏の守護に対する感謝の念を深めていくようになります。

　高齢者の生きがいは、家庭や地域において次世代を担う子どもや青年たちと交流する機会を積極的にもち、自分がこれまでにつちかってきた、知識や技術、経験を伝えることを通して、人や社会の役に立つことにあります。とくに子育て中の若い親夫婦への支援は、健全な社会づくりに貢献できる大切な役割です。

　また、たとえ身体の自由がきかなくなっても、感謝と慈愛に満ちた心で生きる姿勢は、自分自身の安心と喜びを生み出し、周囲の人々にも良い影響を与えます。ふだんからこのように心がければ、配偶者との死別などによって、一人で生活するようになっても、充実した過ごし方を見いだすことができます。心に張りと喜びのある生き方を貫いて、天寿を全うすることができれば、これにまさる幸福な人生はないでしょう。

5. 品性の継承と累代教育

　さらにモラロジーでは、各自の一生涯における品性の向上だけにとどまらず、親から子、子から孫へと世代を重ねて、道徳性を養うことが大切であると考え、世代を重ねて品性の向上に努める「累代教育」を重視しています。

　累代教育は、家族一人ひとりの生涯学習の積み重ねによって成り立つものであり、一つの世代がつちかった品性が、次の世代に受け継がれていく過程なのです。それは、それぞれの家庭で食べ物の好みや味付け、あるいは行動の傾向などが、おのずと親から子へと引き継がれ、伝わっていくのと同じです。家族全員が品性を高め合い、世代を重ねて品性を継承していくことによって、道徳的な家庭の雰囲気、良い家風をつくり出すことができます。この良い家風は、その家族の幸福にとどまらず、健全な社会づくりにつながります。

最高道徳の格言

「天爵を修めて人爵これに従う」

　最高道徳の実行によって天爵すなわち最高品性を完成することが、人間の幸福実現にとって根本であり、人生の目的はここにあります。

「徳を尚ぶこと学知金権より大なり」

　人格の中心にあって、人間の諸力を生かす根本的な力、それが品性すなわち徳であり、人間生活を支える根本として、もっとも高い価値をおきます。

29

第3章　広く柔らかな心を養う

本章のねらい

　だれもがもっている自己中心の心や「とらわれの心」が自分も相手も苦しめています。このとらわれの心から自由になるにはどうしたらよいか、自他を生かす広く柔らかな心の持ち主になる方法について学びます。自我を没却することの意義について考え、その実行をうながします。

1. 基本的欲求と利己心

　私たちは、さまざまな基本的な欲求をもって生きています。たとえば、飢えや渇きを満たそうとする生理的欲求、人から愛され認められたいという社会的欲求、また自己実現をめざす精神的欲求などです。私たちの日々の努力は、こうした自己を保持し、充実し発展させたいという欲求を満たそうとする行動であるともいえます。この基本的な欲求は、生きていくうえで不可欠な力であって、それ自体は善でも悪でもありません。

　私たちは自分なりの考え方をもち、与えられた状況の中で、日々、物事に真剣に取り組み、創意工夫しながら生活を送っています。その考え方や行動が一人ひとりの個性を形づくり、自己実現を成し遂げていきます。自己実現への努力は、家庭生活や職務の遂行、地域社会の活動などに役立ち、社会全体の発展のために欠かすことができないものです。

　ところが、これらの欲求や個性は、自己中心的にはたらきやすい性質をもっていることに注意しなければなりません。欲求をコントロールできずに、自分の利益だけを考えたり、好悪にまかせて欲求を充足させようとすると、他人に対する配慮を欠き、迷惑をかける場合が多くなります。このように、私たちの心は自己中心の心や「とらわれの心」に支配されやすいといえます。

　とらわれの心とは、際限なく物や名誉などを欲しがる貪欲な心、また自分だけを正しいとする一人よがりの偏った狭い心、他人の幸福をねたみ、うらやむ心、あるいは他人や物事の全体に対する配慮を欠いた心の状態のことです。この自己中心の心が強く表れた場合を利己心と呼び、従来一般に我執または我欲ともいわれるもの（仏教でいう煩悩にあたる）で、モラロジーではこれを
「自我」といいます。

(1) 自我の表れ方

　この自我は社会生活のさまざまな場面で表れます。たとえば、食欲や性欲などの本能的な欲求や、地位や名誉、財産などに対する欲求が過剰にはたらいたとき、必要以上のものまで、しゃにむに手に入れたいという気持ちが生じます。このようなとき、自分の心身を害したり、他人を自分の欲求を満たすための手段として扱うようになります。

　あるいは、自分の考えを適切に主張することは大切なことですが、それにこだわりすぎたり、自分だけが正しいという思いが強くなると、高慢心や強情、負け惜しみの心が起きます。このようなとき、私たちは、人の批判に対して必要以上に防衛的になったり、逆に攻撃的になったりします。その結果、周囲の人々を苦しめたり傷つけたりします。たとえ表面上、相手に合わせたとしても、心の中では煩悶があり、結局は自分自身を苦しめてしまいます。

　また、必要以上に自分を抑えようとするのも自我です。たとえば、むやみに遠慮したり謙遜したりする場合です。このようなときには、表面上は相手を尊重しているようにふるまっていても、内心では反対の感情を抱いていることがあります。

　そのほかにも、自己を卑下する、過度に悲観的になる、無気力や無関心になる、自暴自棄になる、嫉妬深くなるといった場合があります。このような状態のときには、意識が自分にだけ集中して周囲のことに向かず、物事を狭い視野でしか考えられなくなります。

　自我は、個人だけでなく、集団的エゴイズムとしても、社会のすみずみに表れます。たとえば、自社の利益のみを考える企業の行動は、環境問題をはじめ多くの社会的問題を生み出します。また、世界の各地で絶え間のない戦争や紛争において、当事者は自己の正義を主張していますが、このような争いの原因は、国家や集団のエゴイズムにある場合が多いのです。

(2) 気づきにくい自我

　私たちは、自我または利己心に支配されると、人間関係にひずみや対立を生み、自分自身を苦しめたり不安に陥って、本来自分がもっている力や個性を十分に発揮することができません。また、自分の所属している集団や地域の利益を優先する行動は、社会全体の調和ある発展を妨げることになります。このように、自我が強くなると、自分も相手も、あるいは第三者をも苦しめることになります。

　しかし、人はだれでも自我に支配されやすく、またそのことに気づきにくいものです。私たちは、他人の自己中心的な態度や行いは敏感に感じとることができますが、自分自身の言動やくせについては案外無頓着であり、気づかないことが多いのです。たまに、そのことを人から指摘されても、素直に認めることができないのが現実ではないでしょうか。

　また、人から批判されたり、忠告されると、無意識のうちに自分を守ろうとする気持ちがはたらきます。とくに、仕事などに追われて心に余裕がないときには、このような心の状態に陥りやすいのです。たとえ物事が順調にいっているときでも、知らず知らずのうちに、傲慢な気持ちや横柄な態度が生まれてきて、同じような状態になりがちです。

Column

熱心の弊害 ── 『ニューモラル　心を育てる一日一話』

　人は、物事に熱心に取り組んでいるときほど、他人が自分ほど熱心でないように見えて、その相手を責めたり、とがめたりする気持ちになりやすいものです。また、自分とは考え方や仕事のやり方が違う人を受け入れる心の余裕を失いやすく、かえってもめごとを起こしやすいのです。

　つまり、自分が努力すればするほど、熱心でない人を責めたり、熱心さを人に強要したりして、相手に不快な思いを抱かせる傾向になりがちです。さらに、自分こそが、自分だけがよくやっていると思ってしまっては、相手の存在を無視してしまい、人との共感的なつながりを切ってしまうことにもなりかねません。熱心さはすばらしいことですが、その中に潜む弊害にも注意したいものです。

このように自我は、家庭や職場をはじめ、大小さまざまな人間関係や集団間の対立や争い、混乱を引き起こす原因になります。私たちが対立や混乱に巻き込まれて苦悩するときには、自分のもっている能力や個性を十分に生かすことができません。また同時に、相手の利己的な傾向を助長することにもなって、自他ともに苦しむことになります。つまり、自我は人間の幸福実現を妨げる根本的な原因なのです。

2．自我から自由になる

円滑な人間関係を築き、自分自身の能力や個性を発揮して、何事にも建設的、発展的に取り組むためには、自我から自由になり、自我を没却することが必要です。

⑴ 自我に気づき、反省して、考え方を変える

そのための第一は、私たちの心づかいと行いが自己中心的にはたらきやすく、自我に支配されやすいことに気づくことです。そして、その自我が自他や社会全体をも苦しめていることをよく理解することです。この自覚によって、自分の言動を反省し、改めていくことができます。

たとえば、けがをしたときや健康を害したときには、不注意や不摂生、暴飲暴食がなかったかとまず反省してみることです。また、対人関係の問題に直面したとき、私たちはしばしば相手を批判して、相手の考え方を変えようとします。しかし、それでは相手をいっそうかたくなにするばかりで、問題の解決にはつながりません。このような場合には、自分に何かとらわれの心がなかったか、あるいは自分の心づかいと行いに相手を不快にさせるようなことがなかったかと反省し、自分の考え方を変えてみましょう。そのほうが結局は解決の近道となります。

35

(2) 他の立場や視点から考える

　第二に、自分の立場とは別の視点から問題を見てみることです。相手の立場に立って物事をとらえると、相手の意図や気持ちがよく理解できることがあります。たとえば、職場においては、上司は部下の立場を思いやり、部下は上司の立場に立って考えてみることです。家庭では夫は妻の、親は子の、それぞれがたがいの立場に立って考えてみましょう。

　また、第三者の立場に立って、公平な視点から自分と相手の気持ちや意見について、冷静に考え直すことも大切です。地域社会や国家レベルでも、相手や第三者、あるいは世界全体の利害について考慮することによって、より高く広い視点に立って、問題の全体をとらえることができ、新たな解決の糸口を見つけることができます。自我から自由になると、物事の全体がよく見えてくるものです。

(3) 支えられていることの自覚を深める

　第三に、自分を支えているさまざまなつながりに目を向けてみることです。私たちは一人で生きているのではなく、多くの人々に支えられていることを意識するのです。このつながりを忘れているときには、自分だけに意識が集中して、自己中心的な考え方に支配されやすくなります。自分を支えるつながりを意識することは、自分が他の人々からどのような恩恵を受けているか、また、周囲にどのような影響を与えているかを

考え直すきっかけになります。

　このように、自分がけっして孤立した存在ではなく、周囲の人々に支えられている存在であるという自覚は、私たちの意識や考え方を変える大きな力となります。

⑷ 生かされていることを認識する

　さらに、私たちのいのちが、人間社会のつながりにとどまらず、大いなる自然のはたらきの中で生かされていることを認識することが大切です。悩みを抱えていたり、人と争っていたりすると、私たちの思考は狭く偏ったものになりがちです。このようなとき、相手も自分もともに、大きないのちのつながりの中で、生かされていることに目を向けてみることです。

　以上のように、視点や見方を変えることで、自分の抱える悩みや争いに対する考え方を変えることができます。

5

10

3. 広く柔らかな心へ

　私たちが周囲から支えられ、生かされている存在であることに気づくとき、そこに感謝の心が生まれてきます。感謝の心は、謙虚で素直な心を育てます。生かされていると考えることは、けっして自分を無力で消極的な存在にしてしまうことではありません。むしろ、生かされているという自覚から、より大きな世界とつながりをもった自己を発見して、積極的に生きようとする力が湧いてきます。

　仏教でいう「小我から大我へ（自分中心の利己心から神仏の心へ）」とは、このような意識の転換を意味しています。つまり、自分を捨てるのではなく、本当の自分らしさや善さに気づき、自分を真に生かしていく道を見いだすことです。このような新しい自己の道の発見によって、私たち一人ひとりは、新たに生きる意味に目覚め、真に自分の能力や個性を発揮することができるようになります。

　私たち人間は、生まれながらに道徳的な素質をもっています。この素質は、学習と経験を通して生涯にわたって発達していきます。日々の生活の中で、たえず道徳心をはぐくみ、相手を思いやるあたたかい心をもって人と接するとき、いつとはなしに、自我を弱めていくことができます。

Column

「○○のせいで」から「○○のおかげで」への転換

　何かのトラブルに直面すると、自分以外にその原因を求め、「○○のせいで…」と自己防衛し、他を責めることがあります。たがいに責任を押しつけあっても問題は解決せず、不平や不満の心を増長します。このようなときには、その問題をまず素直に受けとめ、自分のほうにも非がないかを反省するとともに、自分のかかわり方を考えるよい機会ととらえてみましょう。そして、「○○のおかげで…」と感謝の心を起こして、前向きに考えて対処しましょう。

自我を没却し、利己心を克服しようとする日々の努力は、私たちの心を、自己中心の狭く固く冷たい心から、広く柔らかなあたたかい心へと変えていきます。この心は、何事にも前向きに積極的に取り組む姿勢をつくり、創造的で発展的な生き方を可能にします。そこから、周囲と調和した円滑な人間関係が生まれ、喜びと安心の多い人生を築くことができます。

広い視野をもった柔軟な心の持ち主は、周囲の人々に良い影響を与え、明るいあたたかい家庭や、生き生きとした笑顔と活力に満ちた職場をつくります。自他ともに生かす心づかいと行いは、一人ひとりに生きがいと幸福をもたらすばかりでなく、真に平和な社会を築くことになるのです。

最高道徳の**格言**

「**意**なく**必**なく**固**なく**我**なし」

自我を没却した心とは、自分勝手な考えや無理強い、頑固さなどがまったくなく、すべての物事に対して広い心をもって対応できる心です。これは理想の心の状態を示すものです。

「**無我の心はじめてよく良果を生ず**」

自己へのとらわれをなくし、利己心を克服するとともに、人を育てる慈悲の心をもって何事にも努力すれば、予想外の良い結果をもたらします。

MEMO

第4章　正義と慈悲の心を育てる

本章のねらい

　人間は、他の生物と同じく自然のは
たらきの中に生かされて生きていま
す。すべてを調和的に生かす自然のは
たらきにならって、私たちも人間社会
において正義と慈悲を実現することに
努めたいものです。正義を実現するた
めに必要とされる慈悲の心の内容につ
いて学びます。

1. 自然のはたらきに気づく

　地球上のすべての生物は、自然のはたらきによって生かされて生きています。太陽の光は、わけへだてなく、あらゆるいのちに恩恵を与え、水や空気はすべての生物をはぐくんでいます。私たち人間もまた、自然のはたらきによって生かされている存在です。

　自然のはたらきは、至るところに感じることができます。たとえば、高い山の頂に立ち、眼下に広がる雲海の彼方から昇る太陽を目にするとき、あるいは自然が生み出した雄大かつ繊細な景観を見るとき、私たちは自然の営みに驚嘆し、自然の景高さや神秘さを感じます。ときには、道ばたの小さな草花にも宇宙を感じることができるでしょう。

　また、太陽を周回する地球や他の惑星の規則正しい動きなどに見られるように、宇宙全体が秩序と調和を保ちながら、私たちの想像をはるかに超えた、緻密さと正確さによって運行していることに驚かされます。

　さらに、小宇宙と呼ばれる私たち人間の身体に目を向けても、脳や心臓をはじめ毛細血管や細胞のすみずみに至るまで、いのちの躍動に満ちており、そのはたらきは神秘そのものです。このような自然のはたらきに気づくとき、私たちは深い感動を覚えずにはいられません。

（注）自然の法則

　宇宙自然のはたらきとは、万物を生成化育する営みです。それは、すべての存在に秩序と調和をもたらし、全体を持続的に生成発展させようとするはたらきです。これは一般には、自然の理法または自然の摂理と称され、そこには一定の法則がはたらいていることが分かります。モラロジーでは、これを「宇宙自然の法則」または「自然の法則」と呼んでいます。私たちは、この法則に逆らって生存することはできません。

2. 正義と慈悲の心

　人類は、古くから自然のはたらきに対して恐れや畏敬の念を抱き、そのはたらきの背後に、人間の力をはるかに超えた存在として神仏を認め、それを敬い祭ってきました。世界各地の民族や宗教は、この存在をゴッド、ダルマ、天など、さまざまな名称で呼んでいます。この宇宙自然のはたらきに対する畏敬の念と感謝の心は、長い歴史の中で、人類に精神的な深まりをもたらし、豊かな人間性をはぐくんできました。

　世界の諸聖人は、自然のはたらきを神仏の心の表れとして受けとめ、その本質が公平無私な正義を含んだ慈悲であること、そして、この正義と慈悲にかなった生き方こそが、人間としてもっとも望ましい生き方であることを身をもって示したのです。すなわち、神仏の心にかなった生き方とは、いっさいの利己心を取り去り、すべての人々を平等に愛することです。

　宇宙自然の法則にもとづいた公平無私な正義とは、人間の自己中心性を超えた善悪の標準であり、自然界のあらゆる存在を、調和的に共存共栄させようとするものです。

　人間社会における正義の実現は、次のような点に求められます。

① 一人ひとりの人格の尊厳性を認め、公平に尊重すること。そして、法の下の平等と機会の均等を保障すること。

② 各人の基本的人権を尊重し、その権利を正しい手続きと方法で行使すること。そして、各自の正当な努力を正しく評価し、それに報いること。

③ 援助や支援が必要な場合には、適切な支援を行うこと。つまり、必要に応じて公正な社会福祉や社会保障を確保すること。

　このように、正義は、私たちすべての人間の幸福を実現するものであり、いずれの国や社会でも、共通してめざすべき目的であり理想です。この正義は、すべての人々を愛し育てようとする慈悲の心によって実現されます。つまり、人間社会に秩序と幸福をもたらすには、正義の実現を目的とし、その方法には慈悲心を用いるのです。正義と慈悲を表裏一体のものとして、その実現に向けて努力することは、世界共通の道徳実行の基本です。

　私たちが神仏の存在とそのはたらきを認めることは、公平無私な正義と慈悲の実現をめざして生きることにほかなりません。それは、自然の法則に順応しながら、自分の能力を十分に活用して、自然のはたらきに積極的に参画することになります。一人ひとりの本当の生きる喜びは、ここから生まれてきます。また、困難に遭遇（そうぐう）した場合、私たちを支え、励まし、癒（いや）し、慰（なぐさ）めるものは、神仏への信頼と確信です。この確信が、困難や課題を克服する勇気と希望を与えてくれるのです。

3. 慈悲の心の内容

　それでは、正義を含んだ慈悲の心とは、一体どのようなものでしょうか。具体的に示せば、次のような心です。

① 万物を愛する心

　慈悲の心は、生きとし生けるものをはじめ万物を愛し、尊重する心です。それは、自分のいのちを大切にするように、家族や友人など身近な人々をわけへだてなく愛し、世界の人々を尊重することです。そして大自然そのものと、その中で生かされている生物の多様な姿を愛（め）で、尊重する心です。

　物質本位に考えて人間をおろそかにすることも、人間本位で物質を軽（かろ）んじ浪費することも、慈悲に反することです。このように万物を大切にし、すべてのいのちの多様性を尊重する心は、現代のエコロジー（生態学）や環境保護の考え方に通じるものです。

② すべての人を尊重する心

　慈悲の心は、すべての人を公平に愛し、尊重する心です。私たちは、たがいの個性を認め合い、尊重すべきです。いじめや差別などは、他人の人格を認めず、異質な人間として扱い、傷つけようとする偏狭な心の表れです。私たちは、すべての人の人格と人権を尊重し、大切にする公平無私な心、そして人の心の痛みに気づく感性を養う必要があります。

③ 人を育てる親心

　慈悲の心は、一人ひとりを育てる親心（おやごころ）です。各自の個性や能力、適性を見極（みきわ）めて、その人の力を十分に発揮できる機会を与え、大きく育つように心を配ることです。

　昔から、「可愛くば、二つ叱って三つ褒め、五つ教えて善き人とせよ」（道歌）といいます。人を育てるには、信賞必罰でなければなりません。相手の言動の過ちに対しては、ときには厳しく叱ることもあります。しかし、心の中では、その人の成長と幸せを願い、相手を許し見守るあたたかい心が大切です。この親心が、相手の反省心や成長への意欲を引き出します。

　表面的にどんなにやさしく接していても、心の中で相手を打ったり、不平や不満を抱いていては、慈悲の心とはいえません。深い愛情にもとづくやさしさと厳しさを兼ね備えた、人を育てる親心こそ、正義を含んだ慈悲の極致です。

Column

「親心で接する」——『ニューモラル　心を育てる一日一話』

　幼い子どもは、何事においても自分中心です。親はそのような子どもに対しても、喜んでそれに応じてやり、あるときには正しいあり方を教え諭します。

　自分のことしか考えないのは「子ども心」です。最近の世の中を見ると、自分さえよければという姿が多すぎるように思います。電車やバスの中で高齢者に席を譲るときでも、思いやりの心が少しでもあれば、その心が高齢者にも通じ、快く座っていただくこともできるのではないでしょうか。見知らぬ人に道を教えるにも、お店のお客様にも、自分がその人の親になったような気持ちで接することが、一人前の人間として、また、より良い社会を築くために、欠かせないことではないでしょうか。

45

④ 感謝し報恩する心

慈悲の心は、恩人に対する感謝と報恩の心です。私たちには、いのちを受け継いだ父母や祖先をはじめ、職場や地域社会など、社会生活上でお世話になっている多くの人々、さらに、心の指針を示して私たちを導いた人生の師があります。慈悲の心とは、このような恩恵に気づいて感謝し、その恩恵に報いていく心です。

⑤ 受容し共感する心

慈悲の心は、理性と感情の調和にもとづくあたたかい受容と共感の心です。慈悲の心をみずからの人生に体現した聖人は、人の苦しみや悲しみを受容し、共感する心の大切さを示しています。

たとえば、イエスは、苦しんでいる人や悲しんでいる人、救いを求めている人に対して、その苦しみや悲しみを受容し慰めました。また釈迦は、人間の生老病死の苦悩に共感し、つねに悩める人々に慈悲の手を差しのべました。私たちも、相手の人格を尊重し、喜びや悲しみなどを受容し共感する心を育てていきたいものです。

⑥ 分かち与える心

慈悲の心は、自分の苦労の結果を分かち与える心です。これは、苦労は自分が行い、その結果を多くの人々に分かち与えて、すべての人が幸せになってくださいと祈る心です。「受けるよりは与えるほうが幸いである」（イエス・キリスト）といわれます。

私たちは、自分の努力や苦労で得た成果は、自分のものと考えがちです。しかし、自分の努力の結果を独占することなく、社会に還元していくことが慈悲の心です。社会奉仕活動や発展途上国に対する援助活動、その他、国際平和を実現するための活動に参加することは、きわめて価値あることです。

⑦ 他と協調する心

慈悲の心は、物事を独占せず、他の人々と協調していく心です。共同の事業とか組織活動などにおいて、自分一人で何でもやり、周囲の人々の立場や気持ちを思いやることがなければ、独占的と見られて協調性を乱すことになります。このような態度は、仲間の感情を害し、たとえどのように努力しても、それは徒労となります。

⑧ 建設的に取り組む心

慈悲の心は、全体の秩序と調和を保ち、発展させようとする建設的な心です。何事を行うにも大所高所から考え、全体の発展を図りながら、建設的に対処していくことが大切です。とくに、陰ひなたのない公明正大な心づかいと行いは、他人や社会に安心を与え、組織や団体の秩序と平和を実現します。

国際紛争については、しっかりした国家主権を確立し、互恵平等の考えにもとづいて、侵略することもされることもないように努力することは、平和な人類社会を建設するうえで不可欠のことです。これは、慈悲の心によって国際正義を実現することです。

⑨ 相手や周囲に好感を与える心

慈悲の心は、相手に好感、満足、安心を与える心です。自分の心配や苦悩を表情や態度に表して、人に不安や不快感を与えるのは慈悲ではありません。明るい笑顔やさわやかなあいさつ、思いやりのある言葉は、周囲にも良い影響を及ぼすとともに、自分自身の心の中にも喜びを広げていきます。また、他家を訪問するときなど、相手の立場を考慮して、こちらの予定などを事前によく連絡しておくことは、相手に安心を与える思いやりの心の表れです。

⑩ 自己反省する心

慈悲の心は、つねに自己に反省する心です。自分に過失がある場合はもちろんのこと、たとえ自分に過失がない場合でも、非難や中傷を受けたときには、他を責める前に、まず自分に不備や不足な点がなかったかを反省することです。また、自分の努力が認められた場合にも、支えてくれた周囲の人々や恩人のおかげであると感謝し、いっそう謙虚な心になって努力するのです。

4. 慈悲の心を育てる

　慈悲の心は、私たちがめざす心のあり方であって、その内容を知ったからといって、ただちに体得できるものではありません。しかし、慈悲の心を指針として、自己の心の不完全さに気づき、反省しながら日々に道徳を実行するうちに、少しずつ身につけることができるようになります。この努力の積み重ねが、私たちの自己中心的な心のはたらきを抑え、慈悲の心を育てていきます。

① 同情心や親切心を発揮する

　まず、だれもがもっている同情心や親切心を発揮していくことです。私たちは悲しんでいる人や困っている人に会えば、何か自分にできることをしてあげたい、という気持ちが起こります。このような同情心や親切心が、慈悲の心を育てる出発点です。この慈悲心の萌芽を大切にして、それを聖人の慈悲の心に近づけるように努力しましょう。

② 生かされていることを自覚する

　次に、自然のはたらきによって生かされて生きていることを、深く自覚し感謝することです。このことを実感すると、人間の小ささや弱さ、はかなさを感じ、素直で謙虚な心になって、人と交わり、物事に取り組めるようになります。

③ 何事にも心を込めて行う

　さらに、何事を行う場合にも、つねに慈愛の心を込めて行うようにしましょう。そうすることによって、慈悲の心が徐々に身につき、確かなものになっていきます。

　このように慈悲の心を育てていく努力は、おのずから私たちの心づかいと行いの質を高め、日常生活の行動を変化させます。自分の心づかいが良い方向に変わった分だけ喜びが増して、周囲の人々に対しても慈愛の心を発揮できるようになります。さらに、自分の得た喜びを他の人々に伝え、慈悲の心のネットワークを広げていくことによって、安心に満ちた真に平和な社会を築くことができるのです。

最高道徳の**格言**

「自ら苦労してこれを人に頒つ」

自分の努力した結果を自分のものと独占せず、できるかぎり他人や社会に還元していくことによって品性が高まり、心が豊かになり、本当の喜びと生きがいが生み出されます。

「邪を破らずして誠意を移し植う」

不正や過失を見聞きしたとき、性急に正そうとせずに、深い思いやりの心をもって相手の理性や感情に訴えて、その人がおのずから非を認めて改めるように導くのです。

「父母の心をもって人類を愛す」

いつ、どのような場合、どのような人に対しても、その人の親であるという心づかいで接し、相手の道徳心を育てるように努力すれば、自己の品性を高め、人間尊重の社会をつくっていくことができます。

MEMO

第5章　人間としての責務を果たす

本章のねらい

　社会の成り立ちを考え、だれもが支え合いの中で「生かされて生きている」ことについての認識を深めます。この認識に立って、社会の維持・発展に役立つよう、それぞれの立場や能力に応じて、率先して社会の一員としての責務を果たしていくことの大切さを学びます。

1. 相互依存のネットワーク

　私たちの日常生活は、多くのつながりによって成り立っています。身近なところでは、夫婦や親子、きょうだいのつながりがあります。また、家族のそれぞれが友人や知人など、学校、職場、地域社会において、多くの人々とかかわっています。このように、私たちは相互に依存し、支え合いながら生かされて生きています。

(1) 支え合う家庭生活

　まず、親と子の関係を見ても、私たちの誕生自体が、両親の精神的、肉体的な結合によるものであり、無数の世代の遺伝子を受け継いだ親の遺伝子を受けています。さらに乳幼児期は、親や周囲の人々の世話がなければ、健（すこ）やかに成長することはできません。一人歩きができるようになり、物心がついてからも、子どもは親や大人の影響を大きく受けながら成長していきます。

　他方で、親は、愛するわが子や家族がいるからこそ、家事や仕事のうえなどでも苦労をいといません。親も、子どもや家族の存在に支えられているのです。家族はたがいに支えられ、共に生かされて生きているのです。

(2) 相互依存で成り立つ社会生活

　次に、私たちは社会の中で、多くの人々と相互に依存しながら生活を営んでいます。日常利用しているさまざまな便益（べんえき）は、無数の先人たちが積み重ねてきた努力の賜物（たまもの）です。たとえば、言葉や文字の発明をはじめとして、水道、電気、ガス、交通、通信といったライフラインの設備、科学技術や医療技術の開発、教育や福祉などの社会制度は、すべて数多くの先人の工夫と献身的な努力、尊い犠牲の積み重ねによってつくり出され、発達してきたものです。民族や国民が長い歴史を通してつちかってきた宗教や思想、芸術などについても同様です。今日の文明と社会が発達し、私たちの生活が成り立っているのは、これらの社会的、文化的な遺産のおかげです。

　現代に生きている私たちは、このような社会のさまざまな種類の相互

依存のネットワークの中で、生命や財産を保障され、自由な活動の機会や場を与えられています。これらのはかり知れない恩恵や遺産を受けて、だれもが家庭生活や経済・社会生活を営んでいるのです。

2. 恩恵に対する感謝と責任

(1) 恩恵や遺産に対する感謝

　このように、多くの恩恵を受けて生活している私たちですが、ややもすると、それを当然のことのように考えてはいないでしょうか。たとえば、水道や電気、交通手段などのいわゆるライフラインを、通常、特別ありがたいと思うこともなく利用しています。それを敷設し、保守点検することに多くの人々が携わり、昼夜を問わず、私たちの暮らしを守っていることに対して、私たちは普段、あまり意識していないのが現実です。

　しかし、地震や豪雨などの災害によって、ライフラインが遮断されたとしたらどうでしょうか。社会のしくみは麻痺し、生活の基礎はゆらぎ、これまでの生活はたちどころに一変して、人々の不安は一挙に増大します。そのとき、日常の生活が、それらにいかに大きく依存しているかを、痛切に知ることになります。

　また、今日の私たちは、自給自足の生活を送っているのではありません。社会の一員として、それぞれが仕事を受けもち、生活に必要な物品やサービスを提供し合い、その報酬を受け取って生活しています。

ところで、このような状況は、いわゆるギブ・アンド・テイクの関係であって、そこにことさら恩を感じる必要もなく、感謝することもないという考え方もできるでしょう。問題は、事実としての相互依存関係をどのように受けとめるかです。この相互依存を感謝して受けとめるのか、それとも他の人々のはたらきを当然のこととして受けとめるのかどうかです。この受けとめ方によって、私たちの生き方には大きな違いが生じます。かりに、恩恵や遺産に対してなんら感謝の心をもたないとすれば、先人や同時代の人々の、生存のための努力やいのちをはぐくむ努力を、正当に評価していないことになります。

私たちが人間として生きるうえで、感謝の心ほど大切なものはありません。それは、ただ受けた恩恵をありがたく思うばかりでなく、相互の存在と人格を尊重し合うことになるからです。これは夫婦や親子、職場の人間関係などの身近なところから、広く社会や国に至るまで、すべての場面にあてはまることです。

私たちは、社会生活における相互依存、あるいは相互扶助の事実をしっかりと認識するとき、恩恵やかけがえのない遺産を、おのずから感謝して受けとめることができるはずです。そして、その恩恵や遺産に新たな創造的努力を付け加えて、次の世代に譲り渡していくことこそ、先人たちが私たちに託していることです。その負託に正しく応え、私たちの世代の責任を果たしていくことが、人間としての当然の責務ではないでしょうか。

(2) 負の遺産の改善

私たちが暮らしている現在の社会は、残念ながら、さまざまな困難な課題を抱えています。私たちは、その不完全さを正し、補っていく任務を負っています。

① 地球環境問題への対応

第一に、地球環境問題は、今や人類の存亡にかかわる緊急な課題となっています。この問題を解決するには、日々の生活や企業の活動に対する、これまでにない深刻な反省が必要です。私たちは、自然のはたらきを軽視し、大量生産、大量消費を追求してきました。今後の地球的規模の持続可能な経済発展のためには、従来とは異なる哲学や倫理を構

築するとともに、技術革新によって優良な商品開発に努めなければなりません。

　また同時に、私たち一人ひとりが資源の浪費をなくすために、車の使用や、電気、ガス、水、紙などの使用をできるかぎり抑制したり、物品を大切に扱って十分に利用する努力をすべきです。ゴミは安易に出さないようにし、できるだけリサイクルに回すなど、個々人や近隣社会が、環境汚染の防止や資源の保護に積極的に取り組むことが求められています。これは、私たちの日常生活における重大な責務として受けとめる必要があります。「次の世代のために木を植えよ」という先人の教えは、健やかな地球環境を守り育てることを教えるものです。

Column

「この世界は、
　私たちのものだけではありません」

──『ニューモラル　心を育てる一日一話』

　今、私たちが生きているこの世界は、私たちだけのものではありません。つまり、私たちが親・祖先など、前の世代からこの世界を受け継いだのと同じように、私たちはあとに続く世代へ、この世界を譲り渡していく役割をもった存在です。

　イギリスの天文学者ウイリアム・ハーシェルは、「友よ、われわれが死ぬときには、われわれが生まれたときより、世の中を少しなりともよくしていこうじゃないか」という言葉を残しています（内村鑑三著『後世への最大遺物』）。

　自然が破壊され、資源が枯渇し、対立・抗争の絶えない、ボロボロの世界を残していきたくないものです。私たちも、次代の人々のために、少しでも住みよくなった世界を用意しましょう。

② 社会正義の実現と人権の尊重

　第二に、社会生活の基本原理とされる人権が、十分に尊重されていないことです。歴史の過程とともに、人権擁護は著しく進歩してきましたが、日本ばかりでなく世界的に見ると、まだまだ十分とはいえません。たとえば、人種差別、障害者差別、男女差別などです。

　私たちの幸福は、他の人々の幸福とたがいに深くつながっています。人間らしい誇りのある生き方は、だれもが望むものです。私たちは、自分の存在が認められ、他の人の役に立っていることを実感できてこそ、深い喜びを味わうことができます。その反対に、自分の存在が無視されたり、差別されることほど、悲しく辛いことはありません。人権の尊重とは、人を人として認め、人格の価値を尊重することです。

　人権尊重の考え方は、西欧近代社会の中で生み出され、多年にわたる努力が結実して、人類共有の財産となったものです。それを引き継いで、人類すべての人権を擁護することは、世界共通の課題であり、私たち一人ひとりが心がけて実現していくべきものです。

　民主主義や自由主義は、この人権尊重を基底とした思想です。しかし、その基本理念は、正しく理解され適切に実施されてきたとはいえません。むしろ、自分や自分たちだけの権利を主張して、他者の権利を無視し侵害するなど、はき違えた自由や権利の行使が多く見られます。

　また、何事も一律に平等扱いすることが人権尊重になると考えたり、権威を正当に認めないような考え方や行動が、社会の風潮となっている感があります。今後、たがいの人権を正しく行使し、それぞれの努力が正当に認められる社会づくりに取り組むべきでしょう。

　その他、世界各地の紛争や貧困、あるいは犯罪など、さまざまな負の遺産について、可能なかぎり問題を解決し状況を改善していくことは、私たちに課せられた責務です。このことは、自分と同世代の人々はもちろん、来るべき世代の人々の幸福を実現していくためにも、きわめて大切な道徳です。

３．義務の先行

(1) 道徳的な負債を返済する

　先に見たように、私たちは先人先輩の苦労によって多大な恩恵や遺産を享受して生活しています。返すことのできないほどの恩恵に少しでも報いていく、つまり道徳的負債を返済することは、人間として担うべき大切な責務でしょう。

　そのためには、まず先人の道徳的な努力に敬意を払い、私たちが受け継いだ恩恵に感謝の気持ちをもつことが基本です。そして、負の遺産を改善し、正の遺産を発展させて、次の世代に正しく引き継いでいくことが求められます。社会の健全な維持発展に寄与する活動に、私たち一人ひとりが責任をもって参画し、自己の能力を生かしながら及ぶかぎりの努力をしましょう。

　このような歴史的、社会的な責務に目覚め、みずから率先して、その務めを果たすことを、モラロジーでは「義務の先行」と呼び、道徳実行の重要な柱と考えています。

　私たちが果たすべき責務にはさまざまなものがありますが、その大要は次のとおりです。

① 親、祖先からいただいたいのちを大切にし、あらゆる知識と経験を生かして、自分の可能性を伸ばしていくこと。

② 一般の社会規範とされるルールやマナーを守り、社会全体の道徳的水準を高めること。

③ それぞれの仕事や職務を誠実に遂行するとともに、健全な家庭生活を築き、自国の経済発展や地域社会の秩序と調和のある発展に寄与すること。

④ ボランティア活動などを通して、福祉の増進に積極的に貢献すること。

⑤ 世界の平和と幸福の実現に献身している人々や団体に対して、物心両面から支援し協力すること。

⑥ 地球環境と国土の保全にできるかぎりの努力を払うこと。

　以上のことは、人間として積極的に果たさなければならない責務であり、これからの人類社会に強く求められる道徳といえます。

(2) 道徳的な過失を償う

　さらに、私たち人間にとって果たさなければならない大切な義務があります。それは、道徳的な過失を償うことです。考えてみると、私たちは、知らず知らずのうちに、自我や利己心から、人や社会に対して迷惑や不快感、不信感を与えたり、危害を及ぼしていることがあります。そのような言動は、たとえ法律上の違反には問われないとしても、道徳的には過失を犯していることになります。

　すでに見たように、私たちの利己的な心づかいや行いは、人を苦しめるばかりでなく、自分自身の心身の健康を害したり、苦悩のもとになっています。これでは、自分の能力や善さを十分に発揮することができません。これは明らかに万物を生成化育する自然のはたらきに反し、私たちを養育してきた親、祖先の願いに応えていないことになります。私たちは、このような道徳的な過失に気づき、それを補う謙虚な気持ちをもつことが大切です。

　そこで、感謝と報恩の心を新たにし、人や社会のために少しでも貢献しようと努力すれば、これまでに犯してきた道徳的な過失を償うことになるのです。感謝と奉仕の精神を忘れず、明るく朗らかな気持ちで生活する姿勢や努力は、家族や職場、近隣社会にも良い影響を与えるでしょう。

(3) 道徳実行の動機と推進力

　恩恵を自覚し、みずからの使命や本分を尽くそうとする人は、つねに謙虚な心をもって、人間としての責務を果たすことに努めます。たとえ微力であっても、人や社会のために自分を役立てることができ、そこに本当の喜びと生きがいを見いだすことができます。このような義務先行の努力が、自分自身の品性を高め、家族の幸福を増進し、社会全体の改善にもつながることを実行者自身が実感できるからです。これが道徳を実行するうえでの基本的な動機づけとなり、道徳実行をねばり強く継続していく推進力になります。私たちは、喜びをもって、積極的に義務を先行していきたいものです。

　このような義務先行的な努力は、品性を高め、独立自由の人格を確立することができます。「天はみずから助くる者を助く」（サミュエル・ス

マイルズ）という言葉があります。これは、みずからの務めを自覚し、率先して遂行する義務の先行が、自立した人間生活の根本であることを物語っています。人間としての責務を自覚し、その責務を果たし、先人たちの負託に応えて、社会の健全な発展に尽くすことは、万物を生成化育する自然あるいは神仏のはたらきにかない、そのはたらきに参画していくことになるのです。

　義務先行者によってつくられる社会は、一人ひとりの人格が尊重され、心と心が通い合うあたたかい社会となります。それは、だれもが他人の幸福や社会の福祉を考えて行動するからです。このように義務先行の精神が生きてはたらく社会こそ、真の民主主義社会であるといえるでしょう。

最高道徳の格言

「労をも資をも神に捧げて施恩を思わず」

他人や社会のために労力や物質などを提供する場合、相手に恩恵を施すという考えでなく、神仏の恩恵に報いるという心づかいで行うのです。そうすれば、相手から何の報酬もなくても、不平の心を起こすことなく、ますます品性が磨かれていきます。

「道徳は犠牲なり相互的にあらず」

道徳は本来、感謝や返礼を期待しないものです。見返りを求めず、自己の道徳的な過失を償い、道徳的な負債（さまざまな社会からの恩恵）を返済するためという純粋な心づかいで道徳を行うことが品性を向上させ、大きな幸福を生み出します。

第6章　伝統報恩に生きる

本章のねらい

　私たちの生活は、自然や社会のはたらきの上に成り立っています。このことについて認識を深めるとともに、私たちの生存を根底で支えている恩人の存在とそのはたらきに気づき、感謝報恩することの重要性について学びます。

1. 人生を根底から支えるもの

　今日、私たちが享受（きょうじゅ）している文明や文化は、数かぎりない先人たちの、たゆみない苦労や努力によって生み出され、発展してきたものです。私たちは、そうして築きあげられた恵みと遺産に浴して、日々の生活を営んでいます。

　それらのさまざまな先人の中で、時代や社会を超えて人類共通の恩人として認められる人の系列があります。それは、次の三つです。

① 私たちのいのちを生み育ててきた恩人の系列

② 平和で安定した社会や国を支えてきた恩人の系列

③ よりよく生きるための心の指針を与えてくれた恩人の系列

　モラロジーでは、人間生活を根底から支えているこれらの恩人の系列を、それぞれ「家庭生活の伝統」「国民生活の伝統」「精神生活の伝統」と名づけています。これらの伝統は、宇宙自然の法則に従って、人類の生存、発達、安心、平和、幸福の実現のために貢献してきた恩人の系列であり、私たちの生存の基盤または根源です。

　一般に伝統とは、世代を重ねて受け継がれてきた風俗、習慣、生活様式、文化的価値などを指しています。これに対してモラロジーでいう「伝統」とは、万物を生み育てる慈悲の心を人間社会に具体的に表している恩人の系列を総称して呼びます。これら三つの伝統の存在と、そのはたらきについて正しく認識し、その恩恵に感謝し報いていくことを、伝統報恩といいます。伝統報恩に生きることは、各人が安心と喜びの多い充実した人生を築くうえでも、社会の秩序を維持し発展させていくうえでも、欠くことのできない根本です。

　私たちは、身近に受けた小さな恩恵には気づきやすく、感謝し、返礼を心がけます。しかし、生存と生活を根底から支えている大きな恩恵には、気づきにくいものです。ここにいう三つの伝統の恩恵に気づくことは、小恩・私恩を超えた大恩・公恩（たいおん）に気づくことです。この大恩・公恩に対する感謝報恩は、個人的な眼前の利害や好悪の感情に左右されない、広大で無私の心になってはじめて行うことができます。この点、個人的な小恩・私恩に対する感謝報恩とはまったく質を異（こと）にすることに注意が必要です。

2. 家庭生活の伝統

(1) いのちを支えるもの

　家庭生活の伝統は、私たちのいのちを生み育ててきた祖先や父母の系列です。

　私たちのいのちは、祖先から親、親から子、子から孫へと、代々受け継がれてきたものです。そこには、たんに子孫を残すという本能的な営みだけでなく、わが子を守り、正しく育てていこうとする親、祖先の庇護と深い愛情が引き継がれてきています。親は、わが子のためには犠牲もいとわず、健やかな成長を祈って献身的に努力します。子どもに注ぐ親の愛情の根底には、ときに神仏の心に通じるようなはたらきを感じることがあります。

Column

「"いのち"のつながりを伝える」
—— 『ニューモラル 心を育てる一日一話』

　親は、自分たちの親、つまり子どもにとっては祖父母について、その人柄を話してみましょう。また、祖父母が健在で別居している場合は、ときどき会う機会をつくることも大切でしょう。子どもは、祖父母との間に交流があることにより、その存在を意識し、祖父母から父母に、父母から自分に伝わってきた「いのち」の流れとつながりを自覚するようになります。そして、自分の「いのち」の尊さも自覚することになるでしょう。

　私たちは父母、祖父母という肉親との「いのち」のつながり、学校や職場での友人や仲間をはじめとする、多くの人とのさまざまなつながりの中で生きています。これらの深いきずなを育てることは、私たちを孤立から救い、生きるエネルギーを生むことにもなるのです。

いのちのつながりをさかのぼっていくと、無数の祖先があり、そのいのちの流れの最先端に自分の両親があって、私たち自身が存在しているのです。このように、はるか遠い過去から、尊いいのちを代々受け継ぎ、伝えてきた多くの祖先と、私たちを養育した親は、まさに私たちのいのちを根源的に支えている存在です。

このような認識と自覚にもとづいて、父母や祖先に感謝し孝養を尽くし、次の世代を育てることは、万物を生み育てる大自然のはたらきに参画することになります。

⑵ 安心と喜びのある家庭を築く

家庭生活の伝統に対する報恩の方法は、父母や祖先に対して感謝の心をもって日常生活を送り、いきいきとした明るく朗らかな家庭を築く努力をすることです。親、祖先に対する報恩の基本は、自分のいのちを大切にし、健康に留意しながら、円満な家庭生活を営み、社会に対する責務を果たすことのできる人間へと成長することです。さらに、祖先への感謝の心を込めて、その霊を祭り、いのちのはたらきを次の世代に伝えるように努めることです。

親としては、たとえ子どもが社会的に成功しても、自分と心を通わせてくれなければ寂しいものです。親を敬愛し孝養を尽くす子どもがいれば、これ以上の安心と喜びはないでしょう。このような家庭生活の伝統に対する心づかいと行いは、社会生活上のさまざまな課題に取り組んでいく原動力となります。

もちろん、親といえども人間ですから、多少とも短所や欠点をもっています。そのような親を尊重し、感謝することは、必ずしも容易なことではありません。しかし、どのように不十分な親であっても、親の胸中には、その根底にひたすら子の幸せを願い、祈る心があります。その親心に気づき、親は、万物を生み育てる慈悲のはたらきを伝える恩人であると受けとめ、感謝の心で報恩に努めれば、その人自身の品性を高めることになります。親に安心と満足を与えることが、人間としての道、つまり大恩に報いることになるのです。

親に反発して自分勝手に行動したり、自分の要求を押し通したりしては、親を苦しめるばかりでなく、自分自身も苦しむことになります。親の考え方や行動を変えようとするのではなく、親との価値観や経験の相違を理解するように努めることが大切です。そして、家族の全員が、尊いいのちの共同体の中にあって、おたがいにかけがえのない存在であることを自覚し、たがいに尊重し合う関係を築きあげていきたいものです。

ことば 二宮尊徳（1787〜1856）

「父母もその父母もわが身なり、われを愛せよわれを敬せよ」

また、夫婦は、おたがいに相手の背後に、それぞれの伝統の恩恵があることを思い、たがいの人格を尊重し合い、補い合うことが望まれます。そして慈愛と報恩の心をもって、子どもの教育や年老いた親の世話にあたることです。このような夫婦の努力は、その後ろ姿を通して子や孫に伝わりますから、愛と安らぎのある家庭を築く大きな原動力になります。

さらに、夫婦は、社会に開かれた家庭づくりに努めることが大切です。そのためには、親が職業に精励し、さらに社会奉仕活動等に積極的に参加し、ときには親子がいっしょになってその活動に取り組むことは、親子ともに社会の一員としての自覚を深め、よりよい社会づくりに貢献していくうえで貴重な意味をもちます。

3. 国民生活の伝統

(1) 社会生活を支えるもの

　国家は、私たち国民の社会生活を支えるもっとも包括的な共同体です。

　私たちは、いずれかの国に生まれ、その国の文化にはぐくまれて成長してきました。だれ一人として、祖国とその歴史をもたない人はいません。私たちの住む社会には、さまざまな集団がありますが、各人はそのいずれかに属し、それぞれの立場で責務を担い、それを果たしながら社会生活を営んでいます。国家は、それらの社会生活を根底で支える共同体です。すなわち、国家は、私たち国民の生命、自由、財産を守り、社会の秩序と平和を保持するうえで決定的に重要な役割を果たしています。

　昨今の日本では、凶悪な事件や重大な事故や災害が発生していますが、そうした中でも、私たちが日々大過なく生活ができるのは、社会全体に秩序が保たれ、国民の生命の安全や財産の保障、医療や教育および福祉施策が整っているからにほかなりません。万一、このような国家、社会の安定がなければ、日常生活に支障を生じるばかりでなく、場合によっては生命さえも危うくなります。このことは、人類の歴史から見ても、また現在もなお世界の各地で起こっている紛争や内戦状態と、人々の悲惨な状況からも明らかです。平和で豊かな人間生活の実現には、国家の安定が不可欠の条件です。

　国家の秩序と統一を守り、安定した国を築いていくには、国民一人ひとりの意識的な努力がなくてはなりません。それには、国民一人ひとりの主義や主張を超えて、国民を一つにまとめる中心的な存在が必要です。憲法や国旗、国歌などがその役割を果たしていますが、とりわけ国を代表し、国民の精神的支柱となる人物が存在することが重要です。一般には、国王や大統領などの元首がこれにあたり、そのような立場にある人には、公平無私な道徳的精神が求められます。本来、国民生活の伝統は、国民精神を体現し、ひたすら国民全体の幸福を願う存在であり、国民的統合の中心となるものです。

⑵　国民としての義務を果たす

　国家の安定と秩序統一を実現する根本的な方法は、まず、国民生活の伝統について正しく理解することです。すなわち、国民生活の伝統がその本来のはたらきを果たすことによって、私たちの生活が支えられていることをよく認識し、国民生活の伝統に対する敬愛の心をいっそう深めて、その恩恵を自覚しつつ国を愛することです。

　日本では、憲法において「日本国の象徴であり日本国民統合の象徴」とされている天皇および皇室は、世界各国の歴史の中でもっとも長い世紀にわたって、国民統合の中心として存続してきました。つねに国民とともにあって、国民すべての幸福を願い、自国の安寧と世界の平和を祈念しています。天皇および皇室は、定められた国事をつとめるほか、日本古来の伝統文化を保持する役割を果たすとともに、障害者や高齢者、罹災者に励ましを与えたり、学問や芸術、その他のさまざまな分野で功労のあった人々の名誉を顕彰するなど、わが国の象徴として重要な役割を果たしています。

　国民と苦楽をともにしてきた歴代天皇の心は、次のような御製にうかがうことができましょう。

よろこびもかなしみも民と共にして年はすぎゆきいまはななそじ

　　　　　　　　　　　　　　　（昭和45年、70歳を迎えて。昭和天皇）

サイパンに戦ひし人その様を浜辺に伏して我らに語りき

　　（平成18年、終戦60年に際してサイパンでの戦死者を偲んで。現・上皇陛下）

笑み交わしやがて涙のわきいづる復興なりし街を行きつつ

　　　　　（平成18年、阪神・淡路大震災被災地復興視察で。現・上皇后陛下）

　そこで、国民生活の伝統に対する報恩は、このような天皇の役割について、私たち国民が正しく理解し、天皇を敬愛し、国民としての責務を果たしていくことにあります。具体的には、私たちがそれぞれの立場で積極的に、産業、教育、文化などの継承と発展に貢献していくことです。さらに、いつも国民の安心と幸福を念願されている天皇に対して、国民もそれに応えて、つねにわが国の将来を気づかい、各自の責務や使命を全うしようとするのです。こうした生き方は、国家に秩序を、私たちに真の生きがいをもたらし、国民としての誇りや生きる力の源泉となります。

　今日はグローバル化の時代といわれますが、長い歴史の中ではぐくまれてきた自国の伝統文化を尊重し継承することこそ、人類愛そのものです。自国は人類社会の一部です。自国を愛することは、他の国々を尊重する人類愛に通じます。

　もちろん、自国の利益と発展だけをはかろうとする排他的で偏狭な国家主義は、けっして自国を益することにはなりません。各国がたがいの主権や文化を尊重し合う「互敬の精神」にもとづいた共存共栄の道こそ、自国の繁栄のためのもっとも確実な方法であり、世界平和の実現に貢献する方法です。

4. 精神生活の伝統

(1) 精神生活を支えるもの

　私たちは、精神的な充実感を求めています。先人たちは、文学や芸術、思想や哲学、宗教など、さまざまな精神文化の担い手の中に、人生の正しい道を教え導く心の師を求めてきました。精神文化の源流にさかのぼると、ソクラテス、イエス、釈迦、孔子など、世界の諸聖人にたどりつくことができます。聖人は、万物の生成化育のはたらきを神仏の心として受け継ぎ、人々の心を救い導くために献身しました。その聖人の精神と実践を受け継いだ数多くの先人たちの苦労によって、人類の精神的遺産が形づくられてきたのです。

　私たちの人生は、このような諸聖人の思想と道徳によって支えられ、導かれてきました。諸聖人とその精神を受け継いだ人々の系列を、モラロジーでは「精神生活の伝統」と呼びます。この精神生活の伝統は、価値ある人生を築くための心づかいと行いの標準を示してくれた存在です。

(2) 感謝と報恩の精神を継承する

　精神生活の伝統に対する報恩は、まず与えられたみずからのいのちを大切にして、自己の責務を果たし、感謝の精神で生きていくことです。この精神を確立することによって、たとえどのような困難や苦難に直面しても、勇気と希望をもって生き抜く力が湧いてきます。

　次に、慈悲の心をもって、他の人にはたらきかけ、感謝と報恩の心で生きることの大切さを伝えることです。つまり、自分自身のいのちと同じく、他の人のいのちもかけがえのないものであることを深く認識し、その人の幸福を祈り、心の成長を願って、精神的な支えとなっていくことです。このようなはたらきかけは、現在に生きる人々だけでなく、次世代を担う子孫に対しても同様です。

　このように、人の幸福を心から願うとともに、感謝と報恩の心を一人でも多くの人に伝えて、人づくりや国づくりに積極的に努力することが、精神生活の伝統の心にかなった生き方となり、もっとも重要な報恩になります。

　以上の三つの伝統のほかに、日常生活の身近にあって、私たちの生活を支えている大切な恩人があります。たとえば、親族、学問や教育上の師、就職や結婚でお世話になった人、職業上や仕事上の恩人、勤務先の会社の創立者や後継者、職場の上司、会社の取引先など、日ごろ私たちが具体的にお世話になっている人々です。これらの人々に対しても、先の三つの伝統に準じて敬愛の念をもつとともに、物心両面にわたって報恩を心がけることが大切です。

5. 安心と喜びに満ちた人生

　私たちは、このような家庭生活の伝統、国民生活の伝統、そして精神生活の伝統に、守られ支えられながら生きている存在です。これらの伝統は、意識すると否とにかかわらず、いつどのようなときにも、私たちの幸福を祈り続けている存在です。

　このような伝統に対して心から感謝し、報恩を実行していけば、真にはつらつとした生き方ができるようになります。伝統との一体感は、まさに私たちの生きる源であり元気の素です。また、伝統報恩に努める人は、品性が向上し、その人柄に魅せられておのずと人々が慕い集まり、感化を及ぼすようになるでしょう。

　他方、伝統の大切さに気づかず、目先の利益や成功ばかりを追い求めている人は、自己中心的で冷たい人間となって、結局、人が離れていきます。伝統報恩の精神にもとづいて行動する人と、伝統報恩の心がなく、たんに才知や財力などで世に立つ人とでは、年月を重ねるうちに、幸福の程度に大きな差が生じてきます。つねに伝統報恩に生きる人は、どのような人々とも友好的、建設的な人間関係を築いていくことに努めますから、団体や組織も秩序的、平和的にまとまっていきます。

　伝統に感謝し報恩していく生き方は、自分一人の受けた私恩に報いることとは異なり、自然の法則、天地の公道にもとづくものです。それは、あたかも植物が大地に根を張って成長するように、自分自身も、おのずから安心と喜びに満ちた人生を過ごすことができると同時に、よりいっそう健全な社会を築くことに貢献できるのです。

最高道徳の**格言**

「**篤く大恩を念いて大孝を申ぶ**」

私たちはさまざまな恩恵によって生かされており、とくに家庭生活の伝統、国民生活の伝統、そして精神生活の伝統の三つの伝統には大恩があり、人間生活の根本はこの諸伝統に対して、つねに感謝報恩することにあります。

「**中恩は永く酬い小恩は忘れず**」

三つの伝統のほかに、社会生活における恩人（これを準伝統と呼ぶ）があり、これらに対しても尊重し、直接間接に報恩を心がけていくことが大切です。

71

MEMO

第7章　自他の心を育てる

本章のねらい

　自己の品性を高めていくには、みずからの道徳心をつちかうとともに、他人にはたらきかけ、その心をたがやすことが必要です。自分の道徳実行の喜びを他の人々に伝えることによって、自分自身の道徳実行がさらに進み、おのずから品性が高まることについて学びます。

1. 心の改善と品性向上

　すでに学んできたように、幸福な人生を実現するための根本的な方法は、私たちの品性を高めていくことにあります。そのためには、最高道徳の心づかいと行いについての理解を深め、それを日常の生活の中で実行していくことです。さらに、自分ばかりでなく周囲の人々にも幸せになっていただきたいと願って、自他の心の改善に尽力することが大切です。

　私たちが自分自身の人間的な成長や成熟だけでなく、他者にはたらきかけ、自他の心の改善に向けて努力を続けていくことは、品性を確実に高める原動力となります。いっさいの根本は心の改善にあり、この心の改善によって、あらゆる能力が生かされ、一粒万倍（いちりゅうまんばい）の効果を生み出します。

2. 身近な人からはたらきかける

　私たちが道徳の実行によって得た喜びを、一人でも多くの人々に伝えていくことは、自分自身の品性を高めるうえでたいへん重要なことです。喜びは自分一人で味わうより、人とともに味わうことによってさらに大きくなることは、だれもが経験するところでしょう。このような他者へのはたらきかけは、まず身近な人から行います。

① 道徳は家庭から

　私たちのもっとも身近な人は家族です。毎日、あいさつを交わしたり声をかけるときに、家族の健康と幸せを願いながら、祈りの心で行いましょう。ほんのひと言であっても、その言葉に込められたあたたかい愛情は、家族の心の中に広がり、一人の喜びが家族全員の喜びとなっていきます。自分が変わることで、家族全員の心が変わっていくのです。

② 人の輪が広がる地域社会

　職場や地域社会においても同様です。たがいに心のこもったあいさつを交わしたり、地域社会の諸行事や奉仕活動、ＰＴＡ活動などに積極的に参加し、協力することを通して、心の通い合うあたたかい人間関係の輪が広がっていきます。

　とくに青少年犯罪が大きな社会問題となり、教育の荒廃が叫ばれる昨今、家庭と学校と地域が一体となって行う活動は、次世代を担う子どもたちの健全な育成のために欠くことのできないものです。地域社会に生きる一員として、近所の子どもに声をかけたり、自分のできるボランティア活動を見つけて一緒に行いましょう。

③ **明るくさわやかな職場づくり**

　また職場においては、報告、連絡、相談をする場合や、顧客との応接や電話での応対の場合など、どのようなときでも、つねに相手に安心と満足を与えることを念頭において、迅速、確実に行うことを心がけましょう。明るくさわやかな職場づくりは、ミスを少なくし、信用を高めることにつながります。

　本来、商品を売買する目的は、売って喜び、買って喜び、世を益することにあります。売る人は、買う人の幸せを願い、良質な商品を適切な価格で提供し、その商品に真心を添えるのです。買う人も、感謝の心を忘れずに商品を受け取るように心がけましょう。誠実な売買をすれば、自分にも相手にも、そして社会にも安心と喜びが広がっていきます。

5

10

15

Column

「春の陽のように穏やかに」
―― 『ニューモラル　心を育てる一日一話』

　ある飲食店で働くＡ子さんは、帰るお客さんの後ろ姿に向かって、「ありがとうございました」という言葉の後で、"どうぞ、お幸せに"と念じているそうです。これはＡ子さんが幼いときから、お父さんに「どんな人にも、その人の幸せを願う気持ちで接することが、結局は自分自身の幸せにつながる」と教えられてきたからです。心づかいは目に見えるものではありませんし、その実行の結果も、多くの場合、すぐに表れてはこないでしょう。しかし、温かく慈しみのある心づかいは、やがて春の陽のように穏やかに、人々の心に浸み込んでいくのです。そのためには、家庭や職場で、まず自分から温かい心づかいを実行していくことが、幸せへの第一歩を踏み出すことになるのではないでしょうか。

　道徳の実行は、日常生活において、だれでも、いつでも、どこでも行えるものです。相手の幸せを願って心を尽くすことは、そのまま自分自身の喜びにもなり、それが次の道徳実行への推進力になります。

3. 自他の心を育てる方法

(1) 道徳実行の喜びを伝える

　慈悲の心にもとづく他者へのはたらきかけは、相手の心を動かし、道徳的な心づかいと行いを呼び起こします。道徳を実行して得た心の喜びや充実感を、他の人々にも伝えていこうとすることは、双方の心の成長をうながし、自他ともに品性が向上します。つねに相手の幸せを願うような心づかいと行いに改善していく努力は、自分の欠点や短所を改めるというだけにとどまらず、新しい自己をつくりあげていくことになるのです。したがって、このような自他を育てる心の実行は、慈悲の心が最高に発揮された状態といえるでしょう。

　他者へのはたらきかけの基本は、自己の全人格を通して行うことが大切です。

① 知性に訴える

　自分の知識や経験を用いて相手の知性に訴え、最高道徳の具体的な内容を理解してもらうことです。つまり、正しい道徳的判断力を養ってもらうことです。

② 感性に訴える

　あたたかい思いやりの心をもって相手の感性に訴え、最高道徳の精神を感激や感動をもって受けとめてもらうことです。つまり、豊かな道徳的心情をつちかうことです。

③ 良心に訴える

　自分の道徳的実践を通して相手の良心に訴え、最高道徳の生命をその人の精神に吹き込むことです。つまり、自分の全人格をもって感化を与え、確固（かっこ）とした道徳的態度や実践意欲を喚起（かんき）し、実際の実行をうながすことです。とりわけ、諸伝統の恩恵と神仏のはたらきに対する感謝と報恩の心を育て合うことは、私たちの人生に質的な転換をもたらし、深い喜びと生きる勇気をもたらします。

　残念ながら、私たちの心はどうしても自己中心的にはたらく傾向があります。そのため、自分が最高道徳の内容を知的あるいは感情的に理解できたとしても、ただちに人を育てようとする真の慈悲心が起こるものではありません。しかし、人の幸せを願い、人を育てることに少しずつ努めていくうちに、慈悲心は確実に育っていきます。万一、相手と自分との間に不都合なことが生じても、自分の慈悲心がまだまだ足りないためであると反省し、さらに柔らかに親心をもって、ねばり強くその人にはたらきかけるようにしていきましょう。

⑵ 受容と共感の心ではたらきかける

　道徳実行の喜びを人に伝えていくうえで、何よりも大切なのは、相手の立場や人格を尊重し相手を受容する心と、相手の喜びや悲しみなどを理解し共感する心です。どんなに自分が最高道徳の内容に感動し、その感動と喜びを相手に伝えようとしても、相手の立場や気持ちに配慮せず、性急に説得しようとするだけでは、押しつけと受け取られたり、反発を招いたりすることにもなりかねません。

　人にはたらきかけるときには、低い、柔らかな、あたたかい思いやりの心が大切です。たとえば相談を受けるときなどは、まず相手の話によく耳を傾け、相手の悩みや苦しみを受け容れ、深く共感することです。そして、こちらが心を開いて、回を重ねて話し合い、行き届いたお世話をすることです。

　相手の欠点や短所を指摘することはできるだけ避け、その立場、境遇、家庭や事業の状態などに十分配慮し、相手の身になって助力することです。そして、その人が自分自身の本当の問題に気づき、自発的に最高道徳を実行できるように、ねばり強く導いていくのです。

　受容と共感の心をもってはたらきかければ、相手との深い精神的なきずなが生まれます。これが人格的な感化の基本です。この感化は、自分自身がひたむきに道徳の実行を積み重ねていく姿を通して、おのずと生まれてくるものであり、品性の程度に応じて感化力は高まっていきます。

4. 道徳実行のめざすもの

(1) 品性の向上と社会の道徳的発展

「教えることは学ぶこと」、また「学ぶことは生き方を変えること」であるといわれるように、私たちは人の幸せを願い、そのための具体的なはたらきかけを通して、自分自身が人間的に成長し成熟していくことができます。

自分の心の成長と相手の心の成長とは、たがいに密接な関係をもっています。自他を育てる心で相手と精神的なつながりを深めるとき、相手の喜びや幸せが、まるで自分のことのように感じられるようになります。人間としての本当の喜びは、人のために奉仕し、人の幸せのために役立つところにあります。

このように、自他を育てる心づかいと実行は、自己の人生を全うする道であり、心の通い合う社会をつくりあげていく確かな道です。社会の道徳的水準は、私たち一人ひとりの品性の向上によって高まっていくものです。

自他を育てる心をもって、社会のため、国家のため、人類のために建設的に物事を考え行動する努力が広がっていけば、国全体の道徳性が向上し、やがては人類全体の道徳性の向上につながっていくことでしょう。個人の品性向上と社会の道徳的発展をもたらす、自他を育てる心の涵養は、道徳実行の帰着点ともいえます。

(2) 次世代を育てる

自他を育てる心は、後に続く世代を育てていくためにも重要なことです。私たちの現在は、諸伝統による精神的、物質的な支えのおかげです。したがって、諸伝統に対する感謝と報恩の心を、次世代の人々に伝え育てていくことは、私たちの使命であり、責任です。このことは、けっして教育者や宗教家など一部の人々の役割ではなく、だれもが行わなければならない重大な使命なのです。

私たちの人生のサイクルは、次の世代のライフ・サイクルと鎖のようにつながっています。この世代と世代の連鎖の中で、子どもの教育や文化の伝達は行われます。それと同時に、親や大人の世代は、次の世代を

慈しみ育てる営みを通して、自分自身の人間的成熟を成し遂げ、生涯を意義あるものとして完結させることができるのです。

(3) 品性向上は生涯にわたる最大の課題

　道徳の実行を通して品性の向上をめざすことは、生涯にわたる課題です。とりわけ最高道徳の実行、つまり自我を没却して慈悲の心を育て、人間としての責務を自覚しながら伝統報恩に生きること、さらに一歩を進めて、他の人にはたらきかけて、自他の心を育てていくことは、生涯にわたって追求すべき最大の課題であるといってよいでしょう。

　夫婦や家族、友人や職場の同僚、そして隣人や地域社会の人々など、人生の途上で出会うできるだけ多くの人々と、人づくりや社会づくりへの貢献を人生の目的として共有することができれば、それぞれの胸中に無上の喜びと幸福が得られることでしょう。この意味で、他の人にはたらきかけ、自他の心を育てることは、自分自身の品性を高める最良の方法であり、心豊かな人生を全うし、健全な社会を築いていく確かな道筋といえます。

最高道徳の格言

「**人心を開発して品性を完成す**」

　私たちは他人の心を育てるようにはたらきかけること（これを「人心開発」と呼ぶ）によって、自分自身の心の中に慈悲の心が芽生え、品性を高めていくことができます。

「**他を救うにあらず己を助くるにあることを悟る**」

　他人を思いやる心が深まるにつれて、自己の不完全さに対する自覚が深まります。ひたすら伝統報恩、人心開発に尽力すれば、究極において自分自身を益することになります。

79

第8章　明るい未来をひらく

本章のねらい

古来の因果応報や勧善懲悪の説
話にあるような因果律的思考を積
極的に生かして、各自の心づかいを
反省しつつ、どのような苦しみや困
難にも立ち向かい、希望をもって明
るい未来をひらくことの大切さにつ
いて学びます。

1. 心づかいの重要性と因果律の確信

　これまでに学んできたように、喜びと安心の多い幸福な人生は、道徳、とりわけ最高道徳の実行を通して、品性を高めることによって築くことができます。幸せな人生という望ましい結果を生み出すためには、それに見合う良い原因を自分自身でつくり出していこうとする、積極的な生き方が必要です。

　私たちは、原因と結果の関係によって物事をとらえる因果律的思考をもって日常生活を送っています。古くから「火のないところに煙は立たぬ」「蒔かぬ種は生えぬ」などといわれているように、私たちのすべての心づかいと行いは、結果を予測して原因をつくる営みであるといってもよいでしょう。このような因果律的思考は、古今東西に見られる基本的な考え方です。さらに「罰が当たる」や「天網恢恢疎にして漏らさず」（老子）といわれるような因果律的思考は、法や道徳の基礎として、人間社会における秩序、調和、発展を保障する役割を果たしています。

　ところで、このような因果律の考え方には、運命は自分ではまったく変えられないとする、いわゆる宿命論があります。この立場は、私たちのすべての努力を否定するものであって、これでは人生の改善を図ることはできません。反対に、運命はみずから変えられると考え、人生設計に因果律を活用しようとする立場があります。明るい未来をひらくには、後者の考え方に立つことが大切です。

　樹木は、風に吹かれてこそ強くなるものです。困難な事態に直面した場合、私たちは、一時的に絶望や悲嘆にくれることもありますが、やがて勇気と希望を奮い起こして新たな努力を開始します。そのとき、そうした努力を支えるものは、「正しく努力したことはいつか必ず報われる」という因果律に対する信頼ではないでしょうか。ここに、心づかいと行いについての因果律への確信が必要とされるゆえんがあります。

　もしも、このような道徳的因果律をまったく信じることができなかったとしたら、私たちは何をどうすればよいのか判断できず、立ち往生してしまうでしょう。因果律の確信は、心づかいの重要性に気づき、自己責任の自覚をもって、物事をよりよい方向に変えようとする意欲の源泉です。

ことば	西洋の格言	「意志あるところに道は開ける」
	上杉鷹山 （ようざん） (1751～1822)	「為せば成る 為さねば成らぬ 何事も 　　　成らぬは人の為さぬなりけり」

2．道徳実行の効果

（1）即時的な効果と永続的な効果

　道徳実行の効果についてあらかじめ知っておくことは、道徳実行への動機づけの点からも欠かせません。では、道徳を実行すれば、どのような効果が生み出されるのでしょうか。

　道徳実行の効果には、速効的・即時的な効果と遅効的（ちこうてき）・永続的な効果の両方があります。

　速効的・即時的な効果とは、道徳を実行することによって、ただちに自分の心の中に生まれる安心と喜びを指します。たとえば「楽しくなった」「喜びが増した」「元気が出た」などの心の変化が挙げられます。

　他方、遅効的・永続的な効果とは、速効的・即時的な効果を積み重ねていくことによって生まれてくるものです。つまり、道徳実行の積み重ねの結果として、心の中に良い習慣ができて、品性が向上し、その結果として、永続的・発展的な幸福が得られることを指します。たとえば、「家庭が円満になった」「たくさんの友人ができた」「性格を変えることができた」「悩んでいた問題が解決できた」「健康になった」などです。

　品性の向上は、私たちの生活に良い効果を生み出します。何よりもまず、自分の生き方に対して自信がもて、将来に対して大きな希望を抱（いだ）くことができます。そして品性が向上するにつれて、自分の能力を高め、

83

それを望ましい方向に発揮することができるようになります。その結果、みずからの努力が実を結び、予期した以上の成果をあげることができるようになるのです。

ことば	中国の古典	「積善の家には必ず余慶あり、積不善の家には必ず余殃あり」(『易経』) 善行(人心開発)に年月を重ねて努力した家には子孫に及ぶ幸福が生まれ、逆に不善を積めば災いを招くとの教え。

(2) 道徳実行上の留意点

道徳実行の効果を確実にするには、その努力を正しい方向に向けていくことが必要です。そのために、次のような配慮すべきポイントがあります。

① 動 機

道徳の実行に当たって、正しい「動機」と「目的」をもつことです。道徳実行の「動機」は、宇宙自然のはたらきや神仏、諸伝統の恩恵に対する感謝と報恩です。もろもろの恩恵に報いるために、人や社会のために役立ちたいという義務先行の心を、道徳実行の基本的な動機とするのです。

② 目 的

道徳実行の「目的」は、自己の品性の完成におきます。自分の幸福の追求を直接目的にするのでは、たとえ、善いことをするにしても、利己的な道徳になってしまいます。道徳を実行し品性が向上した結果として、幸福は自然に得られると考えることが、道徳的因果律を確信することです。これは、道徳実行上、とりわけ重要な心がけです。

③ 状 況

道徳の実行に際しては、「時代」「場所」「場合」「時機」などの状況に対して十分配慮し、もっとも適切な方法をとることです。どのように善意の動機・目的から出た行動でも、それが状況に適していなければ、効果がないばかりか、悪い結果をもたらす場合さえあります。

「時代」に適合したものでなければ、どんなに善いことでも周囲から受け容れられず、意味のないものになってしまいます。同様に「場所」についても、それぞれの国や地方の気候、風土、風俗、習慣、法律、文化、価値観などの違いを理解したうえで実行しなければ、逆効果となる場合があります。さらに、「場合」や「時機」についても、よく見極めて行動することです。たとえば災害などの場合に、救援活動を行うにも、時機を失しては効果が減少します。

④ **方 法**

道徳の実行にあたっては、このような条件を考慮したうえに、その状況にふさわしい「方法」を選んで実行することが必要です。適切な「方法」は状況によって千差万別ですから、日ごろから円満な常識と正しい知識を養っておき、そのつど自分で判断していかなければなりません。

⑤ **質と分量**

年齢を重ね、立場や役割が変わり、社会的地位が高くなれば、社会的責任も大きくなりますから、道徳実行の「質」と「分量」もそれに応じたものにしていく必要があります。指導的な立場に立てば立つほど、最高道徳的な心づかいと行いをあらゆる機会にはたらかせるように努め、人の信頼を得て実り多い人生を全うしたいものです。

このように、さまざまな状況や条件をよく考慮して、道徳を実行することが大切です。そうすれば、必ず良い結果がもたらされるでしょう。そして、道徳の実行を積み重ね、品性が向上していけば、適切な知恵が湧き出てくるようになり、いっそう配慮の行き届いた行動ができるようになります。

3. 真の安心と幸福への道

(1) 苦難の受けとめ方

ところで、人生では、思いがけない出来事に直面することがあります。たとえば、自分や家族が突然病気になったり、予期しない事故や問題に巻き込まれたりします。このような困難な出来事に出会ったとき、私たちは、「なぜ私がこのような目にあうのか」と、その原因を探ろうとします。しかし、必ずしもすべての原因が突きとめられるわけではありま

せんし、かりに原因が分かったとしても、有効な解決方法が見つからない場合があります。そのようなとき、私たちは嘆き悲しみ、他人や自分を責め、人生を恨んで自暴自棄に陥ることさえあります。

しかし、そこで歩みをとめてしまうのではなく、明日への希望に向かって歩き出すことが大切です。そのためには、起きてしまったことをいつまでも嘆くのではなく、何事も自分にとって意味あるものとして受けとめていくことです。人は自分が耐えられるだけの試練を与えられるといわれます。人類の教師といわれる聖人をはじめ、多くの先人たちの足跡をたどってみると、みな幾度も苦境に立たされています。そうした人々は、苦難や試練を自分が成長していくための絶好の機会、すなわち「恩寵的試練」として受けとめ、克服していったのです。

廣池千九郎「われ幸いにして病を得たり」

廣池千九郎は、さまざまな困難と対峙し続けた一人です。たとえば、46歳にして法学博士の学位を取得しましたが、同時に積年の過労が災いして、生死をさまよう大病にかかりました。そのとき、「われ幸いにして病を得たり」の心境を開いて、これを起死回生の転機としました。すなわち、その病苦を、神が恵みとして与えてくれた恩寵的試練としてとらえ、深い感謝の心で受け容れたのです。

このような苦難を経た後も、廣池は全国をめぐって、個人の苦悩の解決、当時の労使紛争の解決、会社経営の改善などに向けて、献身的な努力を続けました。廣池の残した「自ら運命の責めを負うて感謝す」という言葉は、みずからの厳しい体験からにじみ出たものです。ここには、自己に課せられた運命を真正面から受けとめ、その改善に取り組んでいこうとする力強い姿勢が示されています。

(2) 道徳的因果律の確信

　最高道徳の実行には、道徳的因果律に対する確信を必要とします。自分の力に頼って自己利益を求める生き方から、自然の法則に従い神仏の心に従って生きるという生き方に転換するのです。その過程を通して、因果律の存在についての確信がいっそう深まっていきます。その深まりが、真の安心と幸福の境地を開くことになります。

　道徳の実行によって、自分の生き方に確信と安心感が生まれ、それが困難や苦境に直面したときに私たちを支える大きな力となります。しかし、道徳を実行すれば困難に出会わなくなるというわけではありません。道徳を実行することの意味は、困難に出会わなくなることではなく、困難や苦しみに直面した場合、あわてたり動揺（どうよう）したりせず、それにしっかりと向き合うことができる力を身につけることにあるのです。

　因果律を確信し、品性の完成という目的に向かって、日々、最高道徳の実行を続けていけば、私たちは必ず希望に満ちた人生、明るい未来をひらくことができます。

Column

「困難は成長のチャンス」
—— 『ニューモラル　心を育てる一日一話』

　私たちが仕事をするうえにおいて、予定外の突発的な業務が入ることがあります。そんなときは、心も体も重くなるものです。しかし、そういうときこそ「どんなに忙しくても逃げずに真正面から取り組もう」「いつも力まず平常心で臨もう」と考え方を変えてみましょう。そうすれば、緊張してこわばっていた気持ちも穏やかになり、今までやっかいだと思っていた急な仕事も、案外、気分よく対応できるようになるものです。

　私たち凡人は怠け心がありますから、ついつい“易（やす）き”につこうとします。しかし、それでは、いつまでたっても自分を成長させることはむずかしいものです。課題や困難は、実は、自分が成長するための絶好のチャンスだといえます。

4. 勇気と信念をもって

　モラロジーは学問ですから、それを研究し理解することによって、その目的は一応達成されます。しかし、最高道徳は、自己の品性を完成するための方法ですから、実行しなければ目的を達成することはできません。

① 自発的に実行する

　道徳は本来、人から強制されて行うものではなく、自発的に行うものです。その意味で、どのように道徳を実行し、自分の人生をつくりあげていくか、その責任は自分自身にあります。この自己責任を自覚し、毎日を積極的に生きてこそ、安心と喜びの多い人生を送ることができます。

② いつでも、どこでも実行する

　最高道徳は、心づかいを基本とする道徳ですから、だれでも、いつでも、どこでも実行することができます。その出発点は、日常生活の中で自分の考え方をより良い方向に変えていくことにあります。形の上では今までと同じ行動であっても、その心づかいを利己心から慈悲の心に変えていくことが最高道徳の実行となります。心づかいを改善していくことによって、少しずつでも自分の品性が向上し、それにともなって周りの人々にも良い影響を与えることができるようになるでしょう。

　たとえ小さな実行であっても、自分の心の中に安心と喜びが生まれ、それがさらなる道徳実行への力となります。途中にさまざまな困難があっても、必ず自分の品性が向上し、幸福な未来へ向かって歩み続けていることを確信できるようになります。

③ 率先して実行する

　最高道徳の実行には勇気が必要です。人に率先して道徳を実行する勇気を必要とします。人と相談してから実行しようとか、今は都合が悪いのでしばらく実行を見合わせようなどと、ためらっていたら実行の機会を失います。心づかいを変えることも実行の一つですから、「今ここで私が実行しないで、だれがいつ実行するのか」という気概がいるのです。

　私たち一人ひとりが、自主的・積極的に自己の品性を高めていくことによって、みずからの人生が豊かになり、家庭や職場、近隣社会、ひいては自国や地球社会全体の平和と幸福の実現に一歩近づいていくことが

できるでしょう。このことを信じて、勇気と信念をもって道徳の実行を
続けていきたいものです。

最高道徳の **格言**

「原因を追わず善後を図る」

何か問題にぶつかったとき、いたずらに後悔したり、悲観
し自暴自棄に陥ることなく、日ごろの心づかいと行いを反
省し、感謝して受けとめて事態の道徳的解決に努力するこ
とが大切です。

「率先善を認め勇を鼓してこれを貫く」

とかく自己の損得から道徳の実行を敬遠しがちですが、勇
気をもって思いやりの心を起こし、進んで他人の長所や善
行を認め、自主的に道徳を実行しましょう。

89

MEMO

資料　廣池千九郎略年譜

廣池千九郎略年譜

年号（西暦）	歳	事　項	時代背景
慶応2年（1866年）		大分県中津に生まれる。	薩長同盟成立。
明治13年（1880年）	14	中津市校卒業後、母校の永添（ながそい）小学校の助教となる。	旧刑法が制定される。
明治18年（1885年）	19	師範学校応請試業（おうせいしぎょう）（卒業資格認定試験）に合格して教員の免許を取得し、形田小学校の教師となる。	内閣制度を設置。
明治19年（1886年）	20	樋田（ひだ）村に夜間学校を設立する。	帝国大学令公布。
明治21年（1888年）	22	『新編小学修身用書』を出版する。	米価暴落、株価暴騰。枢（すう）密院（みついん）設置。市制・町村制公布。
明治22年（1889年）	23	日田（ひた）、玖珠（くす）、下毛（しもげ）三郡の大洪水で救援金活動をする。教員互助会の設立を提唱する。角春子（すみ）と結婚する。	大日本帝国憲法公布。東海道線全通。
明治24年（1891年）	25	『中津歴史』を出版する。大分県教員互助会設立。	大津事件、シベリア鉄道着工。
明治25年（1892年）	26	下毛郡宮永村大火で檄文（げきぶん）を出し、救済活動をする。歴史研究の志を立て、京都に出る。『史学普及雑誌』を刊行する。	第2回衆議院議員総選挙。
明治26年（1893年）	27	『皇室野史』（こうしつやし）を出版する。	
明治27年（1894年）	28	『平安通志』（へいあんつうし）を編集する。	日清戦争勃発。クーベルタン、オリンピック復活を提唱。
明治28年（1895年）	29	上京して『古事類苑』（こじるいえん）の編纂員になる。以後13年にわたり従事	三国干渉。日清講和条約調印。レントゲン、X線発見。

年号（西暦）	歳	事　　項	時 代 背 景
明治35年（1902年）	36	早稲田大学講師となる。	日英同盟締結。
明治38年（1905年）	39	『支那文典』、『東洋法制史序論』などを出版する。	日本海海戦（日露戦争）、ポーツマス条約（日露講和条約）調印。
明治40年（1907年）	41	伊勢の神宮皇学館（大学）の教授として赴任する。	小学校令改正。英・露・仏三国協商。
明治41年（1908年）	42	『伊勢神宮』を出版する。東洋法制史研究のため中国旅行をする。	日本国初の経済恐慌。第1回ブラジル移民。
明治43年（1910年）	44	三重紡績会社で労働者に講演する。以後、労働問題の道徳的解決に尽力する。	韓国併合。白瀬中尉、南極探検出発。
大正元年（1912年）	46	法学博士の学位を授与される。	清が滅亡し、中華民国成立。タイタニック号沈没。
大正2年（1913年）	47	神宮皇学館教授を辞職。	護憲運動のため桂内閣総辞職。東北・北海道で大凶作。
大正4年（1915年）	49	『東洋法制史本論』、『伊勢神宮と我国体』を出版する。	前年（大正3年）に第1次世界大戦に参戦。中国21カ条を受諾し調印。
大正5年（1916年）	50	『日本憲法淵源論』を出版する。このころから全国を巡回して講演活動を活発に展開する。	経済好転するが、ドイツ休戦申入れにより取引大暴落。翌年ロシア革命起こる。
大正8年（1919年）	53	このころからモラルサイエンス（道徳科学・モラロジー）の研究に専念する。	前年（大正7年）に第1次世界大戦が終わり、ベルサイユ条約調印。中国で排日運動起こる。

年号（西暦）	歳	事　　項	時代背景
大正12年（1923年）	57	静岡県の畑毛温泉において『道徳科学の論文』の執筆に専念する。	関東大震災。
大正15年（1926年）昭和元年	60	『道徳科学の論文』を脱稿する。モラロジー道徳教育財団を創立する。	労働争議調停法公布。全国で労働争議頻発。
昭和3年　（1928年）	62	『道徳科学の論文』を出版する。	三・一五事件。張作霖爆死事件。
昭和4年　（1929年）	63	『孝道の科学的研究』を発行する。	世界大恐慌。
昭和5年　（1930年）	64	『新科学モラロジー及び最高道徳の特質』のレコード吹き込みをする。	全国失業者40万人に達す。農村の不況。ロンドン軍縮会議。
昭和6年　（1931年）	65	大阪毎日新聞社主催で新渡戸稲造の紹介のもとに講演する。これによりモラロジーに基づく社会教育が本格的にスタートする。	満洲事変起こる（柳条湖事件）。
昭和7年　（1932年）	66	日本軍部の大陸侵略政策に対し、鈴木貫太郎侍従長に書簡を送り、国際紛争の道徳的解決の必要性を訴える。以後、国の指導層に対し国際紛争の道徳的解決の献言を続ける。	五・一五事件。上海事変起こる。満洲国建国宣言。国際連盟のリットン調査団来日。翌年（昭和8年）国際連盟を脱退。
昭和10年（1935年）	69	千葉県小金町（現在の柏市光ヶ丘）に道徳科学専攻塾を設立する。この設立により、モラロジーに基づく学校教育と社会教育を共に行う実質的な生涯教育がスタートする。	ヒトラーが総統となったドイツが再軍備宣言。
昭和13年（1938年）	72	群馬県水上町の大穴温泉において逝去。	満洲への移民始まる。国家総動員法公布。

育てよう三つの心

感謝の心

大自然の恵み、また家庭や国の恩恵などに対する感謝の心は、自分の命はもちろん人や周囲のあらゆる命を大切にする尊厳性をはぐくみます。そして恩返しをしたり、社会や世界に貢献していく勇気を育てます。

思いやりの心

相手の立場に立って考えることのできる思いやりの心は、人の喜びや悲しみ・痛みへの共感性をはぐくみます。そして自分を反省したり、相手を許す謙虚さや周囲に奉仕する深いやさしさを育てます。

自立の心

夢や志に向かって、主体性と自律性をもって生きようとする自立の心は、家庭人、社会人、また国民としての責任感や使命感をはぐくみます。そして地域や国際社会に目を向けていくたくましさを育てます。

モラロジー生涯学習講座テキスト
道徳実行の指針

平成20年　4月　1日　初版発行
令和　6年　4月　1日　第2版第2刷発行

編集・発行

公益財団法人 モラロジー道徳教育財団
〒277-8654　千葉県柏市光ヶ丘2-1-1
TEL. 04-7173-3155（出版部）
https://www.moralogy.jp

発　売

学校法人 廣池学園事業部
〒277-8686　千葉県柏市光ヶ丘2-1-1
TEL. 04-7173-3158

印　刷

横山印刷株式会社

＊令和3年4月、法人名称の変更に伴い、編集・発行所名を
「モラロジー研究所」から「モラロジー道徳教育財団」に
改めました。なお、本文中で引用されている既刊本につい
ては旧名称のままの表記となっています。